Zentrum Moderner Orient
Geisteswissenschaftliche Zentren Berlin e.V.

Gerhard Höpp

Texte aus der Fremde. Arabische politische Publizistik in Deutschland, 1896–1945. Eine Bibliographie

Arbeitshefte 18

Verlag Das Arabische Buch

Die Deutsche Bibliothek - CIP-Einheitsaufnahme

Höpp, Gerhard:
Texte aus der Fremde : arabische politische Publizistik in Deutschland, 1896-1945; eine Bibliographie / Gerhard Höpp. Zentrum Moderner Orient, Geisteswissenschaftliche Zentren Berlin e.V. - Berlin : Das Arab. Buch, 2000
(Arbeitshefte / Zentrum Moderner Orient, Geisteswissenschaftliche Zentren Berlin e.V. ; 18)
ISBN 3-86093-276-4

Zentrum Moderner Orient
Geisteswissenschaftliche Zentren Berlin e.V.

Kirchweg 33
14129 Berlin
Tel. 030 / 80307 228

ISBN 3-86093-276-4
ARBEITSHEFTE

Bestellungen:
Das Arabische Buch
Horstweg 2
14059 Berlin
Tel. 030 / 3228523
Fax 030 / 3225183

Redaktion und Satz: Margret Liepach

Druck: Offset-Druckerei Gerhard Weinert GmbH, Berlin
Printed in Germany 2000

Gedruckt mit Unterstützung der Senatsverwaltung für Wissenschaft, Forschung und Kultur, Berlin

Einführung

Den Kampf um ihre nationale Unabhängigkeit haben die Araber nicht nur daheim, sondern auch in der Fremde geführt. Dafür gab es verschiedene Gründe: Viele Aktivisten der Nationalbewegung waren von den Kolonialbehörden aus ihren Ländern vertrieben worden und mußten ihre Sache im Exil fortsetzen; andere gingen gewissermaßen freiwillig in die Fremde, weil sie annahmen, dort günstigere Bedingungen, darunter auch mehr Verständnis für ihre politischen Ziele und deren Propagierung vorzufinden; ihnen schlossen sich schließlich Menschen an, die, meist Studenten und Akademiker, ursprünglich ohne politische Absichten ins Ausland gegangen waren und erst jetzt, aus der Distanz zur Heimat und unter dem Einfluß von Nationalisten die abhängige und inferiore Situation der arabischen Länder (deutlicher) erkannt hatten und sie nun zu ändern wünschten. Alle waren dabei mehr oder weniger von der Hoffnung geleitet, das Land ihrer Wahl würde ihnen, gewissermaßen als Feind ihres Feindes, moralische und womöglich gar materielle Hilfe für den Kampf gegen britische, französische und italienische Kolonialherrschaft geben, zumindest aber keine Beschränkungen in ihrem Wirken für die nationale Unabhängigkeit ihrer Heimatländer auferlegen.

Deutschland war ein solches Land. Seit dem Ausgang des 19. Jahrhunderts ist es ein bevorzugtes Ziel nationalistischer Araber gewesen, das sie im Glauben an dessen scheinbar traditionelle Freundschaft mit ihrem Volk oder mit dem Kalkül seiner weltpolitischen Rivalität zu den Mächten, die die Araber unterm imperialistischen Joch hielten, fähig und willens wähnten, ihre politischen Absichten zu unterstützen. Der Ägypter Muṣṭafā Kāmil zählte zu den ersten, die, enttäuscht über die britisch-französische *entente cordiale*, derartige Hoffnungen auf Deutschland setzten und sie dort auch kundtaten; sein Landsmann und Parteifreund Manṣūr Muṣṭafā Rifʿat, der wegen seiner Radikalität in der nationalen Sache von Land zu Land gehetzt, sich u.a. das Pseudonym *al-miṣrī al-muhāğir* zugelegt hatte, mußte wie manch anderer seiner Gesinnungsgenossen allerdings bald erkennen, daß diese Hoffnungen trügerisch gewesen waren. Doch die zerbrochenen Illusionen sind ein Thema für sich. Hier geht es um die publizistischen Bemühungen, die arabische Nationalisten für die Unabhängigkeit ihrer Länder in Deutschland unternommen haben, und dabei war ihnen Hoffnung ein unverzichtbarer Impulsgeber gewesen.

Öffentlichkeit war ein wesentliches Moment im politischen Kampf der arabischen Nationalisten in der Fremde, eine Voraussetzung für sein Gelingen. Sieht man von ihren wenigen, letztenendes unergiebigen (geheim)diplomatischen Unternehmungen ab, so konzentrierten sie sich in Deutschland realistischerweise darauf, die Ziele, Absichten und Mittel der von ihnen vertretenen Gruppierungen der Nationalbewegung öffentlich zu machen, also die Regierenden, vor allem aber die Bevölkerung des Gastlandes zu informieren, um sie letztenendes für sich gewinnen zu können. Das geschah in Büchern, Broschüren und Flugschriften, vor allem aber in Artikeln, die in der deutschen Presse nahezu jeder politischen Provenienz publiziert wurden. Zeitweilig, vor allem in den zwanziger Jahren, gelang es ihnen sogar, eigene Presseerzeugnisse herzustellen und zu vertreiben[1]; diese, teilweise in Arabisch geschrieben, dienten auch der internen Kommunikation zwischen den in verschiedenen Orten und Gegenden des Reichs ansässigen und tätigen Gesinnungsfreunden bzw. ihren Organisationen.

Die veröffentlichten Texte waren besondere Texte, andere als solche, die in der Heimat veröffentlicht werden konnten, wo kolonialistische Zensur herrschte und vielerlei andere Einschränkungen berücksichtigt werden mußten. In Deutschland herrschte zwar auch Zensur, was manche arabische Autoren unmißverständlich erfahren mußten, doch machtpolitisches Interesse sowie eine weitgehende Meinungspluralität namentlich in den Medien der Weimarer Republik ließen sehr oft auch radikale, jedenfalls freizügige politische Äußerungen zu. Der Charakter dieser veröffentlichten Meinungen war auch von der geographischen Distanz zur unterdrückten Heimat geprägt, die einiges schärfer, anderes wohl aber auch verklärt sehen ließ. Schließlich ist nicht zu verkennen, daß die Texte in der Fremde oft auch Einflüssen unterworfen waren, die nur dort, nicht daheim wirken konnten: bis zur Anpassung reichende Rücksichten auf die vermeintlichen Verbündeten im Gastland, nicht selten deren Propaganda insbesondere in den Zeiten der Kriege gegen die Gegner Entente und Alliierte sowie Kontroversen um Strategie und Taktik sowie Personen in den eigenen Reihen, die unter den Bedingungen des Exils besondere Zuspitzung erfahren und Konsequenzen haben konnten.

Über die Ergebnisse, die Wirkung der arabischen politischen Publizistik in Deutschland können hier keine Aussagen gemacht werden; es fiele wahrscheinlich auch schwer, diese einigermaßen präzis zu treffen. Wenn man es versuchte, würde man wahrscheinlich zu einer ähnlichen Schlußfolgerung wie der von Marc Trefzger kommen, demzufolge es den ägyptischen Nationalisten in der Schweiz versagt geblieben war, „hier bei der Beeinflussung der öffentlichen Meinung einen grossen, andauernden Erfolg zu erzielen“[2].

Auf jeden Fall sind aber die in der Fremde entstandenen Texte beachtenswerte, weil komplementäre Bestandteile des Schrifttums der arabischen Nationalbewegung und somit auch wichtige Quellen für ihre Geschichtsschreibung, besonders ihre Ideengeschichte. Arabische Kollegen haben wiederholt den Wunsch geäußert, diese in der Regel sehr verstreuten, zumeist in Deutsch verfaßten Quellen namhaft und so für die historische Forschung zugänglich zu machen. Bisher ist das nicht geschehen, wenn man von Trefzgers vorzüglicher, mittlerweile jedoch überarbeitungsbedürftiger Studie über die politisch-publizistischen Bemühungen ägyptischer Nationalisten in der Schweiz bis 1928[3] sowie von Gottfried Hagens Sammlung von Flugschriften aus der Zeit des Ersten Weltkrieges[4] absieht, die auch einige arabische Dokumente enthält.

Im folgenden wird deshalb versucht, wenigstens einen bibliographischen Überblick über etwa fünfzig Jahre arabischer politischer Publizistik in Deutschland und in benachbarten Ländern zu geben; damit soll ein bislang vergessener, mindestens aber vernachlässigter Teil des arabischen nationalen Denkens ins Gedächtnis zurückgeholt werden. Bei den zitierten Texten handelt es sich vorwiegend um politische; es wurden aber auch wissenschaftliche und literarische aufgenommen, sofern sich in ihnen politische Inhalte, hinter ihnen politische Absichten verbargen oder die Autoren politisch aktiv waren. Die meisten Texte sind in Deutschland erschienen; es wurden aber auch solche berücksichtigt, die infolge der Mobilität ihrer Autoren bzw. aufgrund von propaganda-taktischen oder Zensurgründen in benachbarten Ländern, insbesondere in Österreich, in der Schweiz, der Tschechoslowakei und in

Schweden veröffentlicht wurden. Sie sind im wesentlichen drei Zeitabschnitten zuzuordnen, die für die Zielstellungen und Kampfbedingungen der arabischen Nationalbewegung von unterschiedlicher Bedeutung gewesen waren: der Periode vom Vorabend bis zum Ende des Ersten Weltkrieges, als insbesondere ägyptische und nordafrikanische Nationalisten, oft über Istanbul, ins Reich kamen, um dort namentlich zwischen 1914 und 1918 ihre Interessen gegenüber den Kriegsgegnern der Mittelmächte, Großbritannien, Frankreich und Italien, wahrzunehmen; der Periode der Weimarer Republik, in der sich dort nicht nur das Spektrum der hier tätigen arabischen Nationalisten um solche aus den neuen britischen und französischen Mandatsgebieten im Vorderen Orient erweiterte, sondern auch das der von ihnen vertretenen Ansichten über den Weg zur nationalen Unabhängigkeit, die nun die politische Skala von der rechten bis zur linken Seite ausfüllten; schließlich die Periode des „Dritten Reiches", in der die Meinungsvielfalt unter den in Deutschland befindlichen arabischen Nationalisten extrem schrumpfte und zuletzt kollaborationistische, antikommunistische und antijüdische Positionen und Ansichten in der Öffentlichkeit dominierten. Zahlreiche Autoren finden sich in jeweils zwei Zeitabschnitten, manche sogar in allen dreien wieder, was ebenso auf ihre politische Beständigkeit wie ihre Flexibilität Rückschlüsse zuläßt.

Die Autoren der in die Bibliographie aufgenommenen Titel sind in alphabetischer Reihenfolge entsprechend ihrer teilweise rekonstruierten arabischen Namensform genannt; die in den Medien verwendeten verschiedenen abweichenden Namensformen folgen. Verweisungen geschehen in der Regel nur im Falle von Pseudonymen. Den meisten Autorennamen sind biographische Anmerkungen hinzugefügt, die gegebenenfalls auch die Zeit nach 1945 berücksichtigen, als manche der ehemaligen Emigranten wichtige politische und gesellschaftliche Positionen in ihren nun unabhängig gewordenen Heimatländern einnahmen; in einigen Fällen wird auch auf bio- bzw. autobiographische Literatur verwiesen. Bei Büchern, Broschüren und Flugschriften sind, soweit sie zu ermitteln waren, Fundorte in Deutschland und in benachbarten Ländern sowie Signaturen angegeben; bei den Artikeln wurde darauf verzichtet, weil die Sammelbände, Zeitschriften und Zeitungen, in denen sie erschienen sind, heutzutage meist relativ leicht zu ermitteln sind.

Ursprünglich war einmal daran gedacht gewesen, diese Bibliographie gewissermaßen als Nebenprodukt der Arbeit am derzeit laufenden Projekt „Biographien zwischen den Kulturen" fertigzustellen. Das hat sich jedoch als Illusion erwiesen; um so mehr war der Autor auf Hilfe angewiesen, für die er an dieser Stelle herzlich dankt - insbesondere Türkân Yilmaz, die als studentische Hilfskraft mit Sachkenntnis, Beharrlichkeit und Spürsinn bibliographierte und manch unerreichbar geglaubten Text herbeischaffte, sowie Marion Müller in Berlin und Dr. Silvia Naef in Genf, Prof. Dr. Werner Ende in Freiburg, Dr. Gerhard Hoffmann in Leipzig und Dr. Miloš Mendel in Prag; sodann der Staatsbibliothek zu Berlin, insbesondere ihrer Orientabteilung und der Fernleihe, der Deutschen Bücherei in Leipzig und allen anderen in der Sigelliste genannten deutschen Bibliotheken sowie der Schweizerischen Landesbibliothek in Bern, der Jagiellonen-Bibliothek in Krakow, der Königlichen Bibliothek in Stockholm, der Österreichischen Nationalbibliothek in Wien und der Zentralbibliothek in Zürich; schließlich den Archiven der Humboldt-Universität zu Berlin, der Universitäten in Leipzig, Jena und Wien, dem Bundesarchiv in Berlin, dem Brandenburgischen Landeshauptarchiv in Potsdam, dem Politischen Archiv des Auswärtigen Amtes in Bonn, dem Schweizerischen Bundesarchiv in Bern und dem Wiener Stadt- und Landesarchiv.

Trotz aller gewährten Unterstützung kann die Bibliographie keinerlei Anspruch auf Vollständigkeit erheben; dafür ist das Feld zu weit. Hinweise auf zusätzliche Titel, Autoren und deren Biographien sowie Korrekturen sind deshalb jederzeit willkommen.

Anmerkungen

1 Ein ergänzungs- und korrekturbedürftiger Überblick findet sich bei Gerhard Höpp, Arabische und islamische Periodika in Berlin und Brandenburg 1915-1945. Geschichtlicher Abriß und Bibliographie, Berlin 1994

2 Marc Trefzger, Die nationale Bewegung Ägyptens vor 1928 im Spiegel der schweizerischen Öffentlichkeit, Basel-Stuttgart 1970, S.379 (in der Bibliographie als „Trefzger" zitiert)

3 Vgl. ebenda

4 Vgl. Gottfried Hagen, Die Türkei im Ersten Weltkrieg. Flugblätter und Flugschriften in arabischer, persischer und osmanisch-türkischer Sprache aus einer Sammlung der Universitätsbibliothek Heidelberg eingeleitet, übersetzt und kommentiert, Frankfurt/M. u.a. 1990 (in der Bibliographie als „Hagen" zitiert)

Bibliographie

Abkürzungsverzeichnis für die am häufigsten genannten Zeitschriften

AK: Aegyptische Korrespondenz, Berlin
AS: Āzādī-e Šarq, Berlin
BPN: Bulletin du Parti National Egyptien, Stockholm-Berlin
BS: Barīd aš-Šarq, Berlin
DNO: Der Nahe Osten, Berlin (1, 1928-9, 1936)
DO: Der Nahe Osten. Organ des Deutschen Orient-Vereins, Berlin (1,1940-5, 1944)
DWM: ad-Difāʿ al-Waṭanī al-Miṣrī, Berlin
IE: Islam-Echo, Berlin
IG: Die Islamische Gegenwart, Berlin
IW: Die Islamische Welt, Berlin
KNO: Korrespondenzblatt der Nachrichtenstelle für den Orient, Berlin
MBAK: Mitteilungen des Bundes der Asienkämpfer, Berlin
MR: Moslemische Revue, Berlin
NO: Der Neue Orient, Berlin
ON: Orient-Nachrichten, Berlin
OR: Orient-Rundschau, Berlin
SO: Stimmen des Orients, Kirchheim/Teck
WI: Die Welt des Islams, Berlin

Sigelverzeichnis

1: Staatsbibliothek zu Berlin, Haus 1, Unter den Linden 8
1a: Staatsbibliothek zu Berlin, Haus 2, Potsdamer Str.33
7: Niedersächsische Staats- und Universitätsbibliothek, Göttingen
11: Universitätsbibliothek der Humboldt-Universität zu Berlin
12: Bayerische Staatsbibliothek, München
14: Sächsische Landesbibliothek - Staats- und Universitätsbibliothek Dresden
15: Universitätsbibliothek Leipzig
16: Universitätsbibliothek Heidelberg
18: Staats- und Universitätsbibliothek Hamburg
19: Universitätsbibliothek München
21: Universitätsbibliothek Tübingen
23: Herzog-August-Bibliothek, Wolfenbüttel
25/29: Universitätsbibliothek Freiburg/Br.
29: Universitätsbibliothek Erlangen-Nürnberg
30: Stadt- und Universitätsbibliothek Frankfurt/M.
46: Staats- und Universitätsbibliothek Bremen
101: Deutsche Bücherei, Leipzig
109: Zentral- und Landesbibliothek Berlin, Berliner Stadtbibliothek
154: Staatliche Bibliothek Passau

294: Universitätsbibliothek der Ruhr-Universität, Bochum
355: Universitätsbibliothek Regensburg
361: Universitätsbibliothek Bielefeld
705: Bibliothek der Universität der Bundeswehr, Hamburg
824: Universitätsbibliothek Eichstätt
B 2138: Bibliothek des Zentrums Moderner Orient, Berlin

Abdallah, El Hadj s. Būkabūya

ʿAbd al-ʿAzīz, ʿAbd al-Wahhāb (1899-?)

Ägypter, ab 1923 Medizinstudium in Berlin, 1928 Promotion „Die verschiedenen Behandlungsmethoden der Bronchiektasien"; 1928 Mitglied des Exekutivkomitees der Ägyptischen Kolonie in Berlin.

Artikel

Abdul Aziz: Die ägyptischen Kapitulationen. Ein Unrecht gegen die freie Gerichtsbarkeit der Völker. In: IE, 2 (1928) 8-9, S. 3-4; IG, 2 (1928) 2-3, S. 13-16

ʿAbd al-Maǧīd, Sālim (1898-?)

Ägypter, 1919 nach Deutschland, ab 1920 Medizinstudium in Berlin, 1923 in Greifswald, 1923-1925 in Wien, 1927 dort Promotion; 1920 mit ʿAlī Aḥmad al-ʿInānī Gründung der Vereinigung „Iḫwān an-nahḍa", 1922 stellvertretender Vorsitzender der deutschen Sektion der ägyptischen Nationalpartei, 1924/25 Vorsitzender der Wiener Sektion der Partei, 1925 auch Schriftführer der Partei in Österreich.

Artikel

ʿAbd al-Maǧīd, Sālim: al-Ǧāmiʿa aš-šarqīya. In: AS, 1 (1922) 11, S.4
– Ḫiṭābat Ismāʿīl Labīb Bīk/Sālim ʿAbd al-Maǧīd. In: AS, 1 (1922) 12, S. 2-3
Abdul Megid, Salim: Zum 3.Jahrestage der ägyptischen Revolution am 9.März 1922. In: AS, 1 (1922) 12, S. 24
ʿAbd al-Maǧīd, Sālim: Kalimat al-aḫ Sālim ʿAbd al-Maǧīd fī ḥaflat ta'bīn Farīd Bīk. In: AS, 2 (1922) 26, S. 8-9
Abd-ul-Magid, Salim: England und Aegypten. In: AK, 1 (1922) 23-24, S. 177-178
Abdel-Madschid, Salem: Feier im Orient-Klub zum Gedächtnis an das am 11. Juli 1882 stattgefundene Bombardement. Ansprache des Herrn Salem Abdel-Madschid. In: AK, 3 (1923) 6-7, S. 199-200
Abdel Megied, Salem: Der malerische Harem und die schwarzen Eunuchen im Orient. Die Ehe in mohammedanischer Auffassung. In: Die Ägyptische Fahne, 2 (1924) 14, S. 3-4

Megied, Salem: Die Niederlage der Anglo-Zaglulistischen Partei. In: Die Ägyptische Fahne, 3 (1925) 15, S. 2-3
Abdel Megid, Salem: Der neue Krieg in Marokko und Abd el Kerim. In: Die Ägyptische Fahne, 3 (1925) 19, S. 3-4

ʿAbd al-Qādir, Aḥmad Muḫtār

Algerier; Neffe ʿAiī ibn ʿabd al-Qádirs (1857-1918) kurzzeitig für die „Nachrichtenstelle für den Orient" in Berlin tätig, 1918 nach Istanbul.

Artikel

Abdul Kader, Achmed Muktar: Abdul Kader und die Franzosen. In: IW, 1 (1917) 10, S. 608-609

ʿAbd as-Salām, ʿAbd al-Ḥamīd

Ägypter, ab 1920-1922 Medizinstudium in Berlin, ab 1923 in Würzburg, 1925 Promotion in Würzburg „Orbitalphlegmone und Zahnleiden"; 1925 Sekretär des „Orientvereins Würzburg".

Artikel

Abdul-Salam, Abdul-Hamid: Richtigstellung eines tendenziösen Reuter-Telegramms. In: AK, 1 (1921) 6-7, S. 54-55
Abdussalam, Abdul-Hamid: Das hinterlistige England wieder auf Schleichwegen. In: AK, 1 (1921) 9, S. 65-69
Abdul-Salam, Abdul-Hamid: Adly Pascha in London. In: AK, 1 (1921) 10, S. 74-76
Salam (sic!), Abdul Hamid: Zurückweisung der italienischen Denkschrift. In: AK, 1 (1921) 13-14, S. 96-99
– Die ägyptische offizielle Abordnung in London. In: AK, 1 (1921) 13-14, S. 99-102
Salam (sic!), Abdul Hamid: Kino und Orient. In: SO, 1 (1922)1, S. 8-9

Abu'ḏ-Ḏahab, Muḥammad Ṭāhā (1900-?)

Ägypter, 1922 Medizinstudium in Berlin, 1923 in Rostock, 1925 wieder in Berlin, 1927 Promotion „Karzinom im Kindesalter"; 1928 Mitglied des Exekutivkomitees der Ägyptischen Kolonie in Berlin.

Artikel

Abul Zahab: Die ägyptische Freiheitsbewegung. In: IE, 2 (1928) 8-9, S. 2-3; IG, 2 (1928) 2-3, S. 7-10

Abu'l-Faḍl, Sa'īd Ma'mūn (1891-?)

Aus dem Ḥiǧāz, Offizier; 1910 nach Istanbul, Offizier im osmanischen Heer; 1915 nach Deutschland, Mitarbeiter der „Nachrichtenstelle für den Orient", 1917 Ordonnanzoffizier im deutschen Heer auf dem Balkan.

Bücher, Broschüren

Abul Fadl, Said Memun: Der Islam und seine modernistischen Strömungen, o.O. (1917), 15 S. (1: Um 2377)

Artikel

Abul Fadl, Said Memun: Was die Einwohner der heiligen Stätten des Islam über die Deutschen denken. In: Hamburger Nachrichten, 16.6.1915, Morgen-Ausgabe
– Scheich Abdul Asis Tschauisch. In: KNO, 1 (1915) 10, S. 1-2
Abdul (sic!) Fadl, Said Memun: Die Mädchen von Berlin (Gedicht). In: Vossische Zeitung, 2.9.1915, Abend-Ausgabe
Abdul (sic!) Fadl, Meemun: Die Feinde des Islam. In: Vossische Zeitung, 8.9.1915, Abend-Ausgabe
Abul Fadl, Said Memun: Die „Aushungerung" Arabiens. In: Vosssische Zeitung, 22.10.1915, Morgen-Ausgabe
– Die Frauen des Islams und der Weltkrieg. In: Nord und Süd, 40 (1915) 494, S. 171-174
– Theater im Orient. In: Berliner Tageblatt, 20.1.1916, Abend-Ausgabe
– Sprechen Sie türkisch? Zwei Erwiderungen und eine Antwort. In: Vosssische Zeitung, 22.1.1916, Morgen-Ausgabe
– Pilgerfahrten durch die Wüste von Medina nach Mekka. In: Berliner Tageblatt, 7.5.1917, 1.Beiblatt; Koloniale Rundschau, (1917), S. 296-303

Abū Ġanīma, Muḥammad Ṣubḥī (1902-?)

Transjordanier, 1922 nach Deutschland, ab 1923 Medizinstudium in Berlin, 1929 Promotion „Abul-Kasim, ein Forscher der arabischen Medizin"; 1923/24 mit Muḥammad Kāmil 'Ayyād Herausgeber der Zeitschrift „al-Ḥamāma" in Berlin; 1923-1925 Mitglied des Vorstands der „Arabischen Vereinigung", 1925 und 1927 der „Vereinigung Arabischer Studierender El Arabya"; 1931 transjordanischer Delegierter zum Islamischen Kongreß in Jerusalem, 1932 Gründer der „Gesellschaft für die Unterstützung der jordanischen Arbeiter", Emigration nach Syrien, 1937 Mitglied des Politischen Komitees des Arabischen Nationalkongresses in Bludan, 1942 Mitglied der Gruppierung „Die Arabische Nation", die dem Mufti von Jerusalem, Amīn al-Ḥusainī, nahestand. 1946 Gründer der „Jordanischen Arabischen Partei" in Damaskus, jordanischer Botschafter in Syrien.

Die Mädchen von Berlin.

Von

Said Memun Abdul Fadl.

Der jetzt in Berlin lebende junge türkische Dichter sendet uns diese Verse, deren deutsche Uebersetzung von Ida Eßler stammt.

Ihr Mädchen von Berlin, wie seid ihr so entzückend schön!
So Reizendes hab' ich noch nie geseh'n
Als eure flinken Füßchen, die von Seidenflor
Nur leicht umschleiert. — Tausendmal verlor
Mein Herz ich schon, seit ich in eurer Stadt,
Die solchen Ueberfluß an schönen Mädchen hat!

Erlöst' nur aus Arabiens Sonnenglut mich das Geschick,
Daß ich durch euer Lächeln, euren Blick
Verstand und Herz zugleich verliere? Jeder Tag
Bringt neue Qual und Zweifel, ob wohl eine mag
Mich wirklich leiden. — Hat Allah gar gefügt,
Daß selbst das Lächeln solcher Engel trügt?!—

Bücher

Abu Ganima, Muhammad Subhi: Abul-Kasim, ein Forscher der arabischen Medizin. Berlin-Friedenau: Orient. Verl.-Anstalt 1929, 33 S. (7: 8 DISS MED BERLIN 1929, A-Brd,1; 101: Di 1929 A 1; 294: UA 11 6957)

Artikel

Abu Ganimah: Amin al-Husseini - Der Großmufti von Jerusalem. In: DO, Berlin 3 (1942) 3, S. 40-41; Die Auslese, Berlin 16 (1942) 4, S. 251-254

Abuganima, M.S.: Die arabische Freiheitsbewegung und die gegenwärtige Lage in den arabischen Ländern. In: Europäische Revue, Stuttgart-Berlin 18 (1942) 2, S. 351-354

Abu'l-Ġīt, Muḥammad (1895-?)

Ägypter, ab 1920 Medinzinstudium in Berlin, 1927 Promotion „Gehirntumoren im Kindesalter"; 1924 Vorsitzender des „Ägyptischen Nationalen Verteidigungskomitees" in Berlin, 1923 Schatzmeister, 1925 Schriftführer der „Deutsch-Ägyptischen Vereinigung", 1927 stellvertretender Vorsitzender der „Akademisch-Islamischen Vereinigung Islamia" und des Ägyptischen Nationalkongresses in Berlin; 1927 Rückkehr nach Ägypten.

Artikel

Abu'l-Ġīt, Muḥammad: Mā yağib an nanqulahu ʿan Urūbā: al-ʿInāya bi-tarbiyat al-aṭfāl. Mā lā yağib an nanqulahu ʿan Urūbā. In: DWM, 1 (1923) 2, S. 32-34

Abu-Elghet, Mohammed: Die Fremden-Kapitulationen in Aegypten. In: IE, 1 (1927) 6, S. 9

Abu Elghet, Mohammed: Die Kapitulationen in Aegypten. In: IE, 1 (1927) 7, S. 6-8

Abu Elgheet, Mohammed: Das „selbständige" Aegypten. Die ägyptische Niederlage/Das trockene Protektorat. In: IE, 1 (1927) 9, S. 5-6

Abū Lailā (ungelüftetes Pseudonym)

Artikel

Abu Leila: Frankreichs Wortbruch in Syrien. In: Geist der Zeit, Berlin 18(1940), S.239-242

Abu'l-Mawāhib (ungelüftetes Pseudonym, möglicherweise Šalabīs)

Artikel

Abul-Mawahib, Mohammed: Die Einheit Syriens. In: IE, 1 (1927) 3, S. 7-8

– Der syrische Aufstand – Eine ungelöste Frage. In: IE, 1 (1927) 12, S. 4-8

Abul Mawahib, Mohammed: Der syrische Freiheitskampf. In: IE, 2(1928)6, S.2; IG, 2(1928)2-3, S.21-22
– Die Knechtung Transjordaniens. Der transjordanisch-englische Schandvertrag. In: IG, 2 (1928) 4-5, S. 44-46
Abul Mawahib: Die islamische Welt zum Kriegsächtungs-Pakt Kelloggs. In: Deutsche Zeitung, 16.8.1928

Abu Raad, Ps. für Ḫayyāṭ

Abu's-Suʿūd, Ḥasan (1896-?)

Palästinenser, Religionsgelehrter; 1926 Teilnehmer am Kalifatskongreß in Kairo, 1931 am Allgemeinen Islamischen Kongreß in Jerusalem; Vertrauter des Muftis von Jerusalem, Amīn al-Ḥusainī, 1939 sein religiöser Berater im irakischen Exil, 1942 Mitglied der Gruppierung „Die Arabische Nation", 1943 Vorsitzender des Vorstands des Islamischen Zentral-Instituts zu Berlin.

Bücher, Broschüren, Flugschriften

Abu's-Suʿūd, Ḥasan: al-Islām wa'd-duwal ad-dīmuqrāṭīya. Muḥāḍara alqāhā al-ustāḏ Ḥasan Abu's-Suʿūd fī Akādīmī al-ʿulūm bi-Berlin fī 6 min šahr yūliyū 1942, 24 S. (Bundesarchiv Berlin, Auswärtiges Amt, Film 4030, Bl.363210-363234)

Artikel

Abu's-Suʿūd, Ḥasan: al-Islām wa'd-duwal ad-dīmuqrāṭīya. In: BS, 4 (1942) 42, S. 12-15, 22-23 (auch Separatdruck)
– ʿAlā'iq al-islām bi'l-masīḥīya. In: BS, 4 (1942) 43, S. 24-26; 4 (1942) 44, S. 22-24

Ägyptische Kolonie in Deutschland

Artikel

Aegyptische Kolonie in Deutschland (und die Vertreter der Aegyptischen Kolonien in England, Frankreich, Italien, Oesterreich und Schweiz): Aufruf (zum englischen Abkommen). In: Rote Fahne, 28.12.1921, Abend-Ausgabe
Aegyptens Aufruf zu seiner Befreiung vom englischen Joch. In: Liwa-el-Islam, 2 (1922) 1-2, S. 2, 12
Protest der ägyptischen Kolonie in Berlin. In: IG, 2 (1928) 2-3, S. 35-36

Ägyptische Nationalpartei

Broschüren und Flugschriften

- Mémoire du Parti National Egyptien aux gouvernement des deux groupes belligérants et des pays neutres. Stockholm: Loejdquist (1917), 8 S. (1a: Ur 9404/10). Auch in: BPN, (1917)1, S.13ff.
- La Question Egyptienne. Discours et mémoire présentés par la délégation egyptienne à la IIIme Conférence des Nationalités. Lausanne: Imprimerie du Léman 1917, 16 S. (1a: Ur 9403-23)
- Mémoire présenté par le Parti National Egyptien aux membres du Congrès de Brest-Litowsk, o.O., o.J. (1917/18), 8 S. (1a: Ur 9404)
- Mémoires présentés par le Parti National Egyptien à la Conférence de la Paix à Paris et au Congrès Socialiste à Berne. Genf: Edouard Pfeffer 1919, 32 S. (1a: Ur 9411)
- Mémoire présenté par le parti National Egyptien au Congrès socialiste réuni à Lucerne au mois d'aout 1919, o.O., o.J., 12 S. (Trefzger, S.400)

Das leitende Komitee der ägyptischen Nationalpartei: Aufruf an die zivilisierte Welt, Hotel Gurten-Kulm/Bern, den 10.April 1919, 4 S. (Trefzger, S.400)

Le Comité directeur du Parti National Egyptien: La Révolution Egyptienne. Ses causes, son but et sa répression sanglante. Bern: Imprimerie Staempfli & Cie. 1919, 22 S. (Schweizerische Landesbibliothek Bern: N 18100/7)

Ägyptische Nationalpartei: Die Tragödie des Sudans. Die Wahrheit über die dortigen Vorgänge. Berlin: Buchdruckerei Silesia 1924, 1 S. (1: Ur 9424/10)

Artikel

Parti National Egyptien: Protestation du parti national égyptien contre les „propositions de paix“ du comité Hollando-scandinave de Stockholm. In: BPN, (1917)1, S.27

- Un nouvel Appel du parti national égyptien. 19 decémbre 1914 - 19 decémbre 1917. L'Egypte et le principe des nationalités. In: BPN, (1917)3, S.53-57
- Mémoire du parti national égyptien. In: Comité organisateur de la Conférence Socialiste Internationale de Stockholm. Stockholm. Stockholm: Tidens Förlag 1918, S.385-390
- Félicitations du parti national à S.M. l'Empereur. In: BPN, (1918)6, S.149

Ägyptische Nationalpartei: Aufruf der ägyptischen Nationalpartei an den internationalen Sozialistenkongreß in Stockholm 1917. In: NO, 1 (1917) 11-12, Sonderbeilage, S. 553-557

- Aegypten und Brest-Litowsk (Denkschrift an den Friedenskongreß zu Brest-Litowsk). In: IW, 2 (1918) 1, S. 44-47
- Die Aegypter und Brest-Litowsk. In: Vossische Zeitung, 4.1.1918, Abend-Ausgabe
- Ein Appell der ägyptischen Nationalpartei in Berlin an den Friedenskongreß (in Brest-Litowsk). In: Berliner Tageblatt, 4.1.1918, Abend-Ausgabe
- Manifest der „Ägyptischen Nationalpartei“ gegen das englische Protektorat. In: NO, 5 (1919) 1-2, S. 32

- Die Unabhängigkeitsbestrebungen Aegyptens (Telegramm an die Friedenskonferenz in Paris). In: Weser-Zeitung, 2.4.1919
- Englische Grausamkeiten in Aegypten (Telegramm an die Pariser Konferenz). In: Tägliche Rundschau, 30.4.1919, Morgen-Ausgabe
- Die Ägyptische Nationalpartei an die Friedenskonferenz. In: NO, 5 (1919) 5-6, S. 178

al-Ḥizb al-waṭanī al-miṣrī: Ḫiṭāb maftūḥ li-ra'īs al-wafd al-ḥukūmī ʿAdlī Yakan Bāšā. In: AS, 1 (1921) 4, S. 4

Ägyptische Nationalpartei: Uebersetzung des offenen Schreibens (Manschur) der ägyptischen Nationalpartei in Berlin an den Präsidenten der offiziellen ägyptischen Abordnung Adly Yeghen Pascha. In: AK, 1 (1921) 11-12, S. 81-84; Liwa-el-Islam, 1 (1921) 6, S. 1, 22-23

- Reden und Ansprachen beim Abendessen am 10. November. Vorsitzender Abdul Gafar Mitwalli und Salem Abdul Medjid. In: AS, 2 (1922) 23, S. 10
- Oeffentlicher Brief der Aegyptischen Nationalpartei in Berlin an die Presse der Hauptstadt als Erwiderung auf die von der Zeitung „B.Z." aufgeworfene Frage, was die Aegypter zu diesen neuen englischen Bedingungen sagen werden. In: AK, 1 (1922) 21-22, S. 172-174
- Protest der ägyptischen Nationalpartei gegen Macdonalds Parlamentsrede. In: Die Ägyptische Fahne, 2(1924)8-9, S.3
- (mit dem Ägyptischen Nationalen Verteidigungskomitte und der Ägyptischen National-Radikalen Gruppe) Die Tätigkeit der Zaglulisten in Europa. In: Die Ägyptische Fahne, 2(1924)12, S.4
- Ein Aufruf der Ägyptischen Nationalpartei. Zum Ägyptisch-englischen Konflikt. In: IE, 2(1928)7, S.2; IG, 2(1928)2-3, S.19-20

Ägyptische National-Radikale Partei/Gruppe

Bücher, Broschüren, Flugschriften:

Ägyptische National-radikale Partei, Die große Bedeutung der ägyptischen Frage für die ganze Welt! Berlin 1918, 8 S. (= NO, 4 (1918) 5-6, S. 243-44) (101: 1940 A 13704)

Ägyptische National-radikale Gruppe, Kundgebung der Aegypter an das kämpfende chinesische Volk, Berlin, 29.6.1925, 1 S. (Bundesarchiv Berlin: R 43 I/43, Bl. 27 RS)

- Kundgebung der Aegypter an das unterdrückte Rif-Volk, Berlin, 2.7.1925, 1 S. (Bundesarchiv Berlin: R 43 I/43, Bl.27)
- Pan Europa und Pan Islamismus. Wien: Adolf Blond (1926?) 2 S. (Politisches Archiv des Auswärtigen Amtes Bonn: R 78240)
- Das Memorandum der Ägyptischen Nationalradikalen Partei an den Internationalen Kongreß gegen koloniale Unterdrückung und Imperialismus zu Brüssel, o.O. 1927, 7 S. (1a: Ur 9436)

Artikel

Ägyptische National-radikale Partei, Manifest an das ägyptische Volk, 1.11.1918. In: NO, 4 (1918) 3-4, S. 135

– Telegramm an Ebert, an Wilson, an die Gesandtschaften von Schweden, Holland, Dänemark, Norwegen, der Schweiz und Spanien, an die türkische Botschaft. In: NO, 4 (1918) 5-6, S. 243-244 (= Die große Bedeutung der Ägyptischen Frage für die ganze Welt! Berlin 1918)

– Erklärung. In: Die Post, 19.3.1919, Morgen-Ausgabe

Ägyptische National-radikale Gruppe, Aegyptische Protest an die Völkerliga. In: Deutsche Zeitung, 5.9.1924, Morgen-Ausgabe

– Die ägyptischen Nationalrevolutionäre an die Kommunistische Internationale. Ein Appell der ägyptischen Nationalradikalen. In: Rote Fahne, 2.12.1924

– (mit der Ägyptischen Nationalpartei und dem Ägyptischen Nationalen Verteidigungskomittee) Die Tätigkeit der Zaglulisten in Europa. In: Die Ägyptische Fahne, 2 (1924) 12, S. 4

– Protest der ägyptischen Nationalradikalen (Verhaftung bulgarischer Studenten). In: Rote Fahne, 25.4.1925

Ägyptisches Nationales Verteidigungskomitee

Artikel

Vorschläge der ägyptischen „provisorischen Gesellschaft der nationalen Verteidigung in Europa" zur Bekämpfung der englischen Gewaltpolitik. In: AK, 1 (1922) 23-24, S. 178-179

Die englische Politik und die fremden Interessen in Aegypten. In: AK, 2 (1922/23) 8, S. 255-258

Beschlüsse des aegyptischen Nationalkongresses in Berlin zur gegenwärtigen Lage in Aegypten. In: AK, 2 (1922/23) 10, S. 270-272; SO, (1922) 4, S. 75-77

(mit der Ägyptischen Nationalpartei und der Ägyptischen National-Radikalen Gruppe) Die Tätigkeit der Zaglulisten in Europa. In: Die Ägyptische Fahne, 2 (1924) 12, S. 4

Der Sudan. Eine Geschichte Oberägyptens von der Pharaonenzeit bis heute. In: Die Ägyptische Fahne, 3 (1925) 16-17, S. 4; 3 (1925) 18, S. 4

Ägyptischer Patriotenklub

Artikel

Aegyptischer Patriotenklub, Manifeste an Wilson, Herrscher der neutralen Länder und Papst. In: Deutsche Tageszeitung, 7.4.1919

ʿAlawī, ʿAlī (1891-?)

Ägypter, Arzt, Medizinstudium in Istanbul und Zürich, Promotion in Istanbul, 1917 nach Deutschland, 1917/18 mit Muḥammad Farīd Herausgabe des „Bulletin du Parti National Egyptien, 1918/19 Arzt in Chemnitz, Leipzig, Berlin und Dortmund; 1917 begleitet er Muḥammad Farīd zur Internationalen Sozialistischen Konferenz in Stockholm, 1918 Mitglied des Exekutivkomitees der „Ägyptischen National-Radikalen Partei".

Bücher

Eloui, Ali: Die moderne Frau im Morgen- und Abendland. Kulturelle Betrachtungen eines Arztes und soziale Vergleiche. Berlin: Morgen- und Abendland-Verlag 1921, 31 S. (1a: Pn 4091/381; 101: 1921 A 4295)
– Dito. (Reprint), München: Hieronymus 1979, 31 S. (46: v soz.683.1/08)

Artikel

Eloui, A.: An Open Letter „to the European public opinion and the civilised World". In: BPN, (1917) 2, S. 35-38
– Impressions and Hopes of an Egyptian Patriot. November 1914 - November 1917. In: BPN, (1917) 3, S. 58-63
Eloui, Ali: Résumé des travaux...(s. Šarīf at-Tūnisī)
– Aegyptens Kampf um seine Unabhängigkeit. In: Rheinisch-Westfälische Zeitung, 25.8.1920, III.Ausgabe
– Die orientalische Frau im Allgemeinen. In: AK, 3 (1923) 1, S. 31-32; AK, 3 (1923) 5, S. 148-152
– Der Weltfrieden in Gefahr! Vergewaltigte Völker vereinigt euch! Fort mit dem Imperialismus. In: AK, 3 (1923) 6, S. 208-209

ʿAlī, Muḥammad

Enkel ʿAbd al-Qādirs; 1917 zeitweilig in Berlin.

Gedichte (vgl. dazu R. Stübe, Arabischer Brief. In: Das literarische Echo, 20(1917)2, S.110f.)

Eine arabische Huldigung an den Deutschen Kaiser. In: KNO, 3 (1917) 10, S. 414 (arabisch), S.415 (deutsch)
Adlerflug über dem Meer. In: KNO, 3 (1917) 11, S. 494
Der deutschen Witwe Kriegsscherflein (Ein arabisches Gedicht zur 6. Kriegsanleihe). In: NO, 1 (1917) 2, S. 100

Die moderne Frau
im
Morgen- u. Abendland

Kulturelle Betrachtungen eines Arztes und soziale Vergleiche

Mit 16 photographischen Aufnahmen im Text

von Dr. med. ALI ELOUI

ʿAlī, Zakī (1905-?)

Ägypter, Arzt; 1932 Mitbegründer und Vorsitzender des „Islamischen Kulturbundes" in Wien, 1934 in die Schweiz, 1935 2.Sekretär des Kongresses der Muslime Europas in Genf.

Artikel

Aly, Zaki: Islamischer Kulturbund Wien. In: MR, 9 (1933) 1-2, S. 12-15
– Die arabische Kultur im 10. Jahrhundert. In: MR, 10 (1934) 1, S. 16-22
Ali, Zaki: Großdeutschland und der Islam. In: Rheinisch-Westfälische Zeitung, 3.9.1939; auch in: Thomas Reichardt, Der Islam vor den Toren. Unter Mitarbeit von Zaki Ali, Leipzig 1939, S. 329-341 (1a: Um 2380/1325)

Anonym

Broschüren

(Ein Tunesier): Marārat al-iḥtilāl. Muḥāḍara qāma bihā aḥad at-tūnisīyīn fī madīnat Dimašq, o.O. 1915, 16 S. (1a: SOS 16798; 15: Orient Lit. 1559/p)

Artikel

(Ein Mitarbeiter des Großmuftis Amīn al-Ḥusainī): Die Kampfziele der Araber. In: Wille und Macht, 10 (1942) 8, S. 11-14

ʿArabī, A. al- (wahrscheinlich Pseudonym)

Artikel

Araby, A. El-: Notiz eines Aegypters. In: AK, 1(1921)3, S.24
Araby, M.A. el-: Wir und die Deutschen. In: AK, 1(1921)6-7, S.53-54
Araby, M.A. El: Notiz eines Aegypters. In: AK, 1(1921)16-17, S.127

Arslān, Šakīb (1869-1946)

Libanese, Schriftsteller und Politiker, Ausbildung in Beirut, 1892 erste Europareise; 1908 Gouverneur des Suf, 1914 Abgeordneter des osmanischen Parlaments, 1917/18 und 1921-1923 in Deutschland, 1921 Mitbegründer und Vorsitzender des „Orient-Klubs" in Berlin, Delegierter des Syrisch-palästinensischen Kongresses und Leiter der syrisch-palästinensischen Delegation beim Völkerbund in Genf, 1922 Teilnahme am Kongreß der unterdrückten Völker in Genua, 1923-1925 in der Türkei, ab 1925 Wohnsitz in der Schweiz (Lausanne und Genf), 1926 Staatsbürger des Ḥiǧāz, 1927 Ko-Vorsitzender des vorbereitenden Ausschusses zur Gründung des Islam-Instituts zu Berlin, Teilnahme an der Generalratssitzung der „Liga gegen Im-

perialismus“ in Brüssel, 1930 mit Iḥsān al-Ǧābirī Gründung der Zeitschrift „La Nation Arabe“ in Genf, 1935 Vorsitzender des Kongresses der Muslime Europas, 1937 Rückkehr nach Syrien/Libanon, Teilnahme am Arabischen Nationalkongreß in Bludan, 1939-1946 Exil in der Schweiz, in Beirut gestorben.
(BIO: Šakīb Arslān, Sīra ḏātīya, Beirut 1969; Naǧīb Biʿainī, Amīr al-bayān Šakīb Arslān wa muʿāṣiruhu, Beirut 1992; Faraḥāt Bīrānī, Sīrat amīr al-bayān al-marḥūm Šakīb Arslān, Haifa 1992; Aḥmad aš-Šarabāṣī, Amīr al-bayān Šakīb Arslān, Kairo 1963; ders., Šakīb Arslān rāʿiyat al-ʿurūba wa'l-islām, Beirut 1978; William L. Cleveland, Islam against the West. Shakib Arslan and the Campaign for Islamic Nationalism, London 1985)

Bücher

Arslan, Schekib: Das armenische Lügengewebe. Frivole Haltung der Gönner Armeniens. Schlußwort von Dr. (med.) Mansur Rifat. Berlin: Morgen- und Abendlandverlag 1921, 31 S. (1: Krieg 1914-27069; 11: Gesch. 20452; 101: 1923 A 6439)
Arslan, Chékib: Aucune propagande au monde ne peut défigurer le portrait d'un homme. La vérité aura toujours le dernier mot. Annemasse: Imp.Commerciale 1936, 36 S. (Schweizerische Landesbibliothek Bern: N 39920/15)

Artikel

Arslan, Schekib: Die Araber und die Engländer. In: NO, 1 (1917) 6, S. 263-266
– Was Syrien vom Kriege erwartet. In: NO, 2 (1917) 1, S. 6-9; Kölnische Zeitung, 17.10.1917, Mittags-Ausgabe
– Der Islam und das Deutsche Reich. In: IW, 1 (1917) 7, S. 416-417
– Die englischen Machenschaften am Persischen Golf. In: IW, 1 (1917) 10, S. 568-569
– Die politische Ökonomie der Türkei. In: IW, 1 (1917) 12, S. 697-699
– Der Hungerkrieg gegen Syrien. In: Vossische Zeitung, 20.9.1917, Abend-Ausgabe
Arselan, Schekib; England und die ägyptische Frage. In: Tägliche Rundschau, 17.10.1917, Abend-Ausgabe
Arslan, Schekib: Die Notwendigkeit kolonialer Ausdehnung für das Deutsche Reich. In: Rheinisch-Westfälische Zeitung, 10.11.1917, II.Ausgabe
– Die Ereignisse an der Gaza-Front und ihre Entwicklung. In: Rheinisch-Westfälische Zeitung, 13.11.1917, II.Ausgabe
– Die arabischen Scheichs und der Weltkrieg. In: Konservative Monatsschrift, 75(1917), S.117-119; Leipziger Neueste Nachrichten, 2.10.1917
– Die Palästinafront. In: Rheinisch-Westfälische Zeitung, 3.12.1917, II.Ausgabe
– Eine Erwiderung an den Pariser „Temps“. In: Rheinisch-Westfälische Zeitung, 4.12.1917, I.Ausgabe
– Ein englischer Köder für die Juden. Das zionistische Traumgebilde. In: Rheinisch-Westfälische Zeitung, 15.12.1917, I.Ausgabe

– Die „Befreiung“ der Völker. In: Norddeutsche Allgemeine Zeitung, 16.12.1917, Morgen-Ausgabe, Beiblatt
– England lebt und stirbt im Orient. In: Rheinisch-Westfälische Zeitung, 23.12.1917, Sonntags-Ausgabe
– Das heilige Grab und die Omar-Mosche (sic!). In: Rheinisch-Westfälische Zeitung 25.12.1917, Weihnachts-Ausgabe
– Tanks und Schützengräben zur Zeit der Kreuzzüge. In: Rheinisch-Westfälische Zeitung, 2.1.1918, I. Ausgabe
– England, die Araber und das Selbstbestimmungsrecht. Grund zu Lloyd Georges Schmähungen. In: Rheinisch-Westfälische Zeitung, 10.1.1918, II.Ausgabe
– Der Ton der Entente einst und jetzt. In: Rheinisch-Westfälische Zeitung, 24.1.1918, I. Ausgabe
– Die Türkei zur gegenwärtigen Kriegslage. In: Rheinisch-Westfälische Zeitung, 10.4.1918, II. Ausgabe
– Um die Hedschaslinie. Die Kämpfe im Jordantal, um Amman und Es-Salt. In: Deutsche Zeitung, 16.5.1918, Abend-Ausgabe; Weser-Zeitung, 18.5.1918; Dresdner Anzeiger, 22.5.1918
– Die Türkei vor einer glücklichen Zukunft. In: Rheinisch-Westfälische Zeitung, 17.5.1918, III. Ausgabe
– Amman und Es-Salt. In: Tägliche Rundschau, 18.5.1918, Abend-Ausgabe
– Das osmanische Reich. In: Süddeutsche Monatshefte, 15 (1918) 10, S. 235-240
– Arabischer Protest gegen englische Verleumdung. Engländer und Drusen. In: Rheinisch-Westfälische Zeitung, 19.8.1918, II. und III. Ausgabe
– Englands Drohung im Orient. In: Rheinisch-Westfälische Zeitung, 2.9.1918, III. Ausgabe
– Sidi Achmed el-Scheriff, Groß-Scheich der Senussi. In: Rheinisch-Westfälische Zeitung, 9.9.1918, I. Ausgabe
– Deutschland, die Türkei und die Kaukasus-Frage. In: Rheinisch-Westfälische Zeitung, 14.9.1918, II. Ausgabe
– Die Türkei und die Lage im Orient. In: Rheinisch-Westfälische Zeitung, 1.10.1918, I. Ausgabe
– Die Zukunft Syriens. In: Kölnische Zeitung, 5.10.1918, Abend-Ausgabe
– Englische Lügenmeldungen am Pranger. In: Rheinisch-Westfälische Zeitung, 14.10.1918, I. Ausgabe
– Die neuen Intrigen der Entente in Syrien. In: NO, 2 (1918) 9, S. 399-401
– Die englische Propaganda und die Mohammedaner Rußlands. In: NO, 3 (1918) 2, S. 72-73
Arslan, Chekib: La vérité est en marche (La question syrienne). In: NO, 4 (1919) 9-10, S. 358-359
– Querelle de famille. La Palestine est elle aux Juifs ou aux Arabes? In: NO, 6 (1920) 4, S. 134-136
Arslan, Schekib: Offener Brief an Herrn Lepsius. In: NO, 7 (1920) 4, S. 153-154
– Die Solidarität unter den Orientalen. In: AK, 1 (1921) 2, S. 13-14
– Talaat Pascha. In: AK, 1 (1921) 3, S. 22-23
Arslān, Šakīb: Mazīyat al-ǧarā'id as-sayyāra. In: AS, 1 (1921) 2, S. 2

Šakīb Arslān

– at-Taḍāmun aš-šarqī. In: Liwā al-Islām, Berlin, 1 (1921) 3, S. 20-24

Arslan, Schekib: Frankreichs Doppelangriff. In: Deutsche Allgemeine Zeitung (Reichsausgabe), 30.9.1925

– Ein Brief Schekib Arslans an Ponsot. Das syrische Volk gibt nicht nach. Deutschland als Vorbild. Syrien wird die tödliche Klammer sprengen. In: IE, 1 (1927) 18, S. 1

– (und Ihsan El Djabry, Riad El Solh): Die Denkschrift der syrischen Delegation. Eine Intervention der syrischen Freiheitsführer beim Völkerbund. In: IE, 1 (1927) 23, S. 1-2

– (und Ihsan El Djabry, Riad E Soulh): Die zweite Etappe des syrischen Freiheitskampfes. Das Programm des französischen Oberkommissars und die syrische Nationalbewegung. In: IG, 1 (1927) 1, S. 7-14

– Fürst Lutfallah und Syriens Freiheitskampf. Ein Brief der syrischen Delegation in Europa. In: Deutsche Allgemeine Zeitung, 28.12.1927, Morgen-Ausgabe

– Ein Interview mit Emir Schekib Arslan. Frankreich – Arabien – Rußland. In: IE, 1 (1927) 31-32, S. 2

– (mit Djabry, Riadh Solh): Der „neue Kurs" in Syrien und die syrische Delegation in Genf. In: IE, 2 (1928) 8-9, S. 1-2; IG, 2 (1928) 2-3, S. 23-25

– Arslān, Šakīb: al-Ḫaṭar al-bulšifīkī ʿalā al-ʿālam al-islāmī. In: al-Ǧahīr, (November 1941) 4, S. 2-3, 16

– Takāfuk al-inklīz wa'r-rūs bi-izā'i aš-šarq wa'š-šarqīyīn laisa bi-šai' ǧadīd. In: al-Ǧahīr, (März-April 1942) 8-9, S. 2-5

– Qad yakūnu al-insān fī manqūlihi ablaġ minhu fī maqūlihi. In: BS, 4 (1942) 37, S. 23-24

– as-Salīqa al-ʿarabīya wa'l-qawāʿid al-mauḍūʿa bi-ḥasabi as-salīqa. In: BS, 5 (1943) 50, S. 26-27

ʿAttābī, as-Sayyid Muḥammad al-

Marokkaner, Lehrer an der Qarawīyīn-Universität in Fes; 1913 in den Ḥiǧāz, 1915 nach Istanbul, 1916 kurzzeitig in Deutschland als „Berater in marokkanischen Angelegenheiten", 1917 Teilnahme an der Internationalen Sozialistischen Konferenz in Stockholm; 1918 nach Ägypten.

Flugschriften

Atabi, Muhammad El: Maroc. Une voix du Maroc. Stockholm: Stal 1917, 4 S. (Königliche Bibliothek Stockholm: 25 A e c B)

Artikel

Atabi, El Sayed Mohamed El: Résumé des travaux... (s. Šarīf at-Tūnisī)

Attabi, Mohammed el: Ein Hilfeschrei aus Marokko. In: Rheinisch-Westfälische Zeitung, 29.11.1917, II.Ausgabe

Attabi, Mohammed: Die marokkanische Frage. In: NO, 2 (1918) 8, S. 350-354; Rheinisch-Westfälische Zeitung, 9.4.1918, II.Ausgabe

ʿAyyād, Muḥammad Kāmil (1901-1986)

Syrer, Historiker und Soziologe; 1921 nach Deutschland, ab 1922 Soziologiestudium in Berlin, 1930 Promotion „Die Bedingungen und Triebkräfte des geschichtlichen Geschehens in Ibn Ḫaldūns Geschichtslehre"; 1923/24 mit Muḥammad Ṣubḥī Abū Ġanīma Herausgeber der Zeitschrift „al-Ḥamāma" in Berlin, 1924 Schriftwart, 1928 stellvertretender Vorsitzender der „Akademisch-Islamischen Vereinigung Islamia", 1925-1927 Vorsitzender der „Vereinigung der Arabischen Studierenden El Arabya" in Berlin; 1929 Rückkehr nach Syrien, 1933 Geschichtslehrer in Damaskus, 1938-1940 im Irak, 1946 Professor für römische Geschichte an der Universität Damaskus.

Bücher

Ayad, Mohammed Kamil: Die Bedingungen und Triebkräfte des geschichtlichen Geschehens in Ibn Ḫaldūns Geschichtslehre. Stuttgart: Union Deutsche Verlagsgesellschaft 1930, 29 S. (6: DC 2592; 11: Berlin 1930, Phil. Diss., Muhammad Kamil Ajjad)

Ayad, Kamil: Die Geschichts- und Gesellschaftslehre Ibn Ḫaldūns. Stuttgart-Berlin: J. G. Cotta'sche Buchhandlung Nachfolger 1930, X, 209 S. (1a: P 8096-2; 11: Pa 4882-2; 38: G1/2121-2; 61: AG<>1927; 467: S21529)

Artikel

K(āmil). ʿA(yyād).: Rasāʾil al-ġarb. In: al-Ḥamāma, (1923) 1, S. 22-24; (1924) 2, S. 63-64

Ayad, Kamil: Die Anfänge der muslimischen Geschichtsforschung. In: Geist und Gesellschaft. Kurt Breysig zu seinem 60.Geburtstage. Bd 3. Breslau: Marcus 1928, S. 35-48

ʿAzzām, ʿAbd ar-Raḥmān (1893-1976)

Ägypter, Arzt und Politiker, Medizinstudium in London; seit 1913 Offizier im osmanischen Heer, 1915 in Tripolitanien, 1917 nach Istanbul, dann nach Berlin; 1918 Mitbegründer der Republik Tripolitanien, 1923 Rückkehr nach Ägypten, Parlamentsmitglied. 1945-1952 Generalsekretär der Arabischen Liga, Exil in Saudiarabien, 1972 Rückkehr nach Ägypten.

Die Bedingungen und Triebkräfte des geschichtlichen Geschehens in Ibn Ḫaldūns Geschichtslehre

Inaugural-Dissertation

zur Erlangung der Doktorwürde an der philosophischen Fakultät
der Berliner Friedrich-Wilhelms-Universität

vorgelegt von

Mohammed Kamil Ayad
aus Damaskus

1930

DRUCK DER UNION DEUTSCHE VERLAGSGESELLSCHAFT
STUTTGART

Muḥammad Kāmil ʿAyyād

Bücher

Azzam, A.R.: Die Freiheitskämpfe der Tripolitaner. Eine Geschichte des großen Aufstandes der Tripolitaner und Senussi gegen Italiener, Engländer und Franzosen während des Weltkrieges von einem Augenzeugen. Mit einem Anhang: Land und Leute in Tripolis, unter besonderer Berücksichtigung des Ordenswesens. Berlin: Der Neue Orient 1918, 115 S. (1a: Uq 8017; 12: H.un.app. 1405 t))

Artikel

Azzam, A.R.: Heilige, Sekten und religiöse Orden in Tripolis. In: NO, 6 (1920) 6, S. 243-247

Baḥwarī, ʿAwaḍ al-

Ägypter, Jurist; Mitglied des „Comité directeur" der ägyptischen Nationalpartei in Genf, 1916 dort mit Ismāʿīl Kāmil Herausgeber der Zeitschrift „L'Egypte"; 1920 Rückkehr nach Ägypten.

Artikel

Bachwari, Awad el: Eine Antwort an Balfour. In: IW, 2(1918)2-3, S.72-74
Bachrawy, Awad El: Ägypten und das Nilbecken. In: IW, 2(1918)6-7, S.217-223

Baltağī, Ṣalāḥ (1915-?)

Libanese, 1937-1940 Studium der Zahnmedizin in Jena.

Artikel

Baltschatschi, Salah: Die arabische Bewegung in Palästina nach dem Weltkriege. In: Arbeitsgemeinschaft über arabische Lebensfragen an der Friedrich-Schiller-Universität. Bericht über die erste Vortragsreihe im Sommer-Semester 1939, Jena o.J., S.27-28

Bāš Ḥambā, Muḥammad (1881-1920)

Tunesier, Jurist, jungtunesischer Politiker; 1913 Exil in Istanbul, dann in Genf, 1916 Herausgeber der „Revue du Maghreb", Teilnahme an der 3.Nationalitätenkonferenz in Lausanne, 1917 an der Internationalen Sozialistischen Konferenz in Stockholm, 1919 nach Berlin, wo er starb und beerdigt wurde. 1968 nach Tunis übergeführt.
(BIO: al-Ḥabīb al-Ǧanhānī, Muḥammad Bāš Ḥambā, Tunis 1968)

Die Freiheitskämpfe der Tripolitaner

von

A. R. Azzam

Eine Geschichte des großen Aufstandes der Tripolitaner und Senussi gegen Italiener, Engländer und Franzosen während des Weltkrieges von einem Augenzeugen

Mit einem Anhang:

Land und Leute in Tripolis,

mit besonderer Berücksichtigung des Ordenswesens

Berlin
Verlag „Der Neue Orient“
1918

Bücher, Broschüren

Bach-Hamba, Mohammed: La justice tunisienne. Organisation et fonctionnement actuels. Projet de réorganisation. Genf: Imprimerie Nationale 1917, 72 S. (1a: Uq 8147/1230)
– Le peuple algéro-tunisien et la France. Genf: Imprimerie Nationale 1918, 142 S. (1: Uq 2943; 1a: Uq 2943a; 7: 8 H AFR 1837 EXE:01)
– Dito. Ed. par Mahmoud Abdelmoula. Tunis: Bait al-Hikma 1991, 17, 163, 21 S. (21: 34 A 13148)
– Le „protectorat" français en Tunisie. Genf : Imprimerie Nationale 1918, 18 S. (1a: Uq 8147/250; 12: 8 H. Un. App.786/q?)
– Une maneuvre! Les récents projets de réforme en Algérie. Genf: Imprimerie Nationale 1918, 23 S. (1a: Uq 6612; 12: 8 H. Un. App.786/v?)

Binnī, Muḥammad ʿAlī (1901-?)

Syrer; 1931 Mitbegründer des „Orientbundes", 1932 des „Islamischen Kulturbundes" in Wien.

Artikel:

Das Gebet und sein Einfluss auf das menschliche Leben. In: MR, 11 (1935) 1-2, S. 9-18

Būkabūya, Rabaḥ (Ps. El Hadj Abdallah und Si Rabah, 1875-?)

Offizier im französischen Heer; 1915 zu den Deutschen übergelaufen und unter dem Namen El Hadj Abdallah Mitarbeiter der „Nachrichtenstelle für den Orient" in Berlin, 1924 Einreise in Ägypten gescheitert, da dort „blacklisted", 1940 in Berlin arbeitslos gemeldet.

Broschüren und Flugschriften

Abdallah, El Hadj: Le „Djéhad" et le role de „l'armée noire" en Algérie, o.O. 1915, 1 S. (1: Krieg 1914-28331; 101: 1916 B 4603)
– Les Musulmans de l'Afrique du Nord et le „Djéhad", o.O.,o.J. (1915), 2 S. (Biblioteka Jagiellonska Krakau: 183244/II br)
– Perspectives sur l'avenir des musulmans algériens, o.O. 1915, 1 S. (1: Krieg 1914-28331; 101: 1916 B 4604; Hagen, S. 255; Bibliothèque publique et universitaire de Genève: AG broch. 6)
– Apropos de la remise d'un „drapeau français" aux soldats marocains en France, o.O. 1915, 1 S. (1: Krieg 1914-28331; 101: 1916 B 1441)
– Les Turcos à la... Turquie! O.O., (1915), 1 S. (15: WK.300(K); Bibliothèque publique et universitaire de Genève: AG broch. 6)

Muḥammad Bāš Ḥambā

NACHRICHTENSTELLE FÜR DEN ORIENT

BERLIN W 50 — TAUENTZIENSTRASSE 19a

ZWEITER VORTRAGSABEND

DIENSTAG, DEN 16. NOVEMBER 1915

OBERLEUTNANT BUKABUYA-RABA:

KRIEGSEINDRÜCKE EINES MOHAMMEDANISCHEN OFFIZIERS DER FRANZÖSISCHEN ARMEE

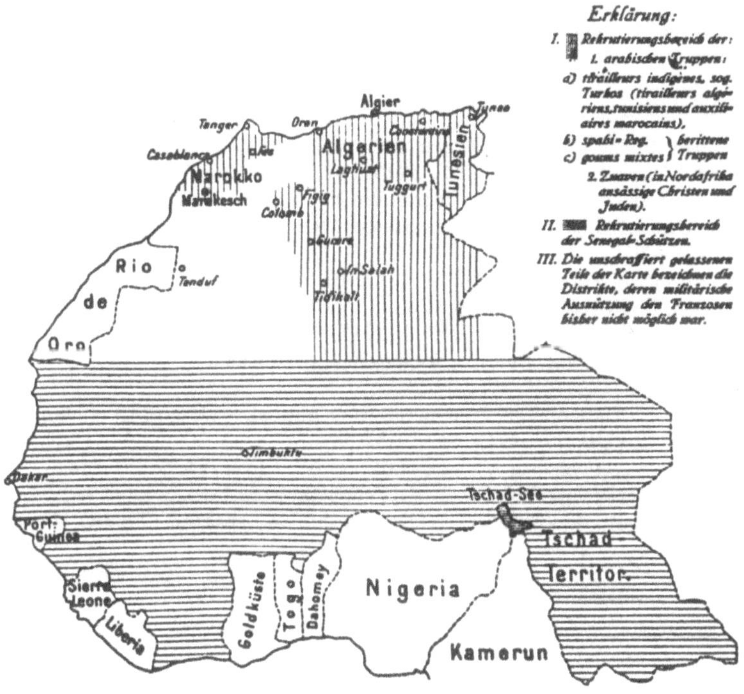

Als Manuskript gedruckt.
Im Buchhandel nicht erhältlich.

Boukabuya-Raba: Kriegseindrücke eines mohammedanischen Offiziers der französischen Armee. Berlin: Nachrichtendienst für den Orient. Als Manuskript gedruckt 1915, 7 S. (1: Uk 1123)
Abdallah, El Hadj: L'Islam dans l'armée française (Guerre de 1914-1915), Konstantinopel 1915, 40 S. (1: Krieg 1914-9113; 15: WK.1821; 101: 1915 B 10559; 7: 8 H UN VIII, 3354 EXE:01; 14: Jus.publ.Gall.837.m; Bibliothèque publique et universitaire de Genève: Br. 1592)
Boukabouya (Hadj Abdallah): L'Islam dans l'armée française (Second Fascicule). Lausanne: Librairie Nouvelle 1917, 75 S. (1: Krieg 1914-9113)
– O Islam no exercito francez (guerra de 1914-1915), Konstantinopel 1916, 38 S. (15: 61-8-5676; 101: 1916 B 1440; 7: 8 H UN VIII, 3354/a EXE:01; Bibliothèque publique et universitaire de Genève: AG broch.107)
– Les soldats musulmans au service de la France. Lausanne: Librairie Nouvelle 1917, 75 S. (1: Krieg 1914-16264; 101: 1916 B 6477; 7: 8 H UN VIII, 3354/b EXE:01)
Un Musulman Algérien (E.H.A.): En Algérie. Les corruptions de la religion et des moeurs indigènes. Lausanne: Librairie Nouvelle 1917, 24 S. (1a: Uq 5950)

Artikel

Abdallah, El Hadj: Die marokkanischen Kaids unter der französischen Herrschaft. In:KNO, 3 (1916) 6, S.220-222, 3 (1917) 7, S. 271-273; 3 (1917) 8, S. 328-330
– An die Redaktion „Der Neue Orient“. In: NO, 3 (1917) 8, S. 341
– Der General Gouraud als Generalresident von Marokko. In: KNO, 3 (1917) 10, S. 419-420
– An Präsident Wilson. In: KNO, 3 (1917) 10, S. 428
Abdallah, El Hadsch: Die Ereignisse im Süden Marokkos. Der Scherif El Hiba und der General de Lamothe. In: NO, 1 (1917) 8, S. 358-360
Abdallah, el Hadsch: Der marokkanische Freiheitskampf. In: NO, 2 (1917) 1, S. 11-14; 2 (1917) 2, S. 57-59
Abdullah, El Hadschi: Das Protektorat ueber Marokko (General Lyautey und seine Islampolitik). In: IW, 1 (1917) 3, S. 57-58
– General Lyautey and seine Islampolitik. In: IW, 1 (1917) 4, S. 253-254
– Die „weissen Vaeter“. In: IW, 1 (1917) 6, S. 352-353
Boukabouya, R.: An den Direktor der „Gazette de Lausanne“. In: NO, 2 (1917) 4, S. 171
Abdallah, El Hadj: Die Kämpfe in Marokko. In: Tägliche Rundschau, 28.6.1918, Abend-Ausgabe
– Der zukünftige Friede und die algerischen Muslims. In: IW, 1 (1917) 9, S. 557-559
Abdullah, Hadsch, Die militärische Lage Marokkos. In: IW, 2 (1918) 4-5, S. 181-182
Rabah, Si: Le mécontentement des nouveaux représentants indigènes en Algérie. In: NO, 7 (1920) 1, S. 4-6
– Les indigènes de l'Algérie. La question des armes à feu. In: NO, 7 (1920) 4, S. 140-142
– Au Maroc. L'occupation d'Ouezzan. In: NO, 8 (1920) 1-2, S. 11-13

Abdallah, El-Hadj: Der Krieg in Nordafrika. In: Deutsche Rundschau, 51 (1925) 204, S. 207-211

Chouéki s. Šuwaikī

Comité égyptien à Genève

Broschüren

L'Egypte et le Congrès de la paix. Exposé sur le situation de l'Egypte et des revendications de son peuple par le Comité égyptien à Genève. Genf: Imprimerie Atar 1919, 31 S. (Trefzger, S.400)

Dardīrī, Yaḥyā Aḥmad ad- (1889-1956)

Ägypter, Jurastudium und Promotion in Genf, Studium in München, 1922/23 Philosophiestudium in Berlin; 1913 Vizepräsident des ägyptischen Studentenbundes „Sphinx" in Genf, 1922 Generalsekretär, 1925 Beisitzer des „Ägyptischen Nationalen Verteidigungskomitees" (Laǧnat ad-difāᶜ al-waṭanī al-miṣrī) in Berlin und Ko-Vorsitzender der „Deutsch-Ägyptischen Vereinigung", 1923 Herausgeber der Zeitschrift „ad-Difāᶜ al-waṭanī al-miṣrī" in Berlin; in Kairo 1927/28 Mitbegründer und Funktionär der „Vereinigung der muslimischen Jugend" (Ǧamᶜīyat aš-šubbān al-muslimīn), 1929 Herausgeber der Zeitschrift "Maǧallat aš-šubbān al-muslimīn"; Initiator der Kooperativbewegung in Ägypten.

Artikel

Dardiry, Yehya Ah. El: Die englische Politik und die fremden Interessen in Aegypten. In: SO, 1 (1922) 2, S. 30-32; AK, 2 (1922) 9, S. 255-258
– Der englische Abgrund im Orient. In: SO, 1 (1922) 3, S. 61-63
Dardīrī, Yaḥyā Aḥmad ad-: al-Madanīya al-miṣrīya al-qadīma fi'l-ᶜahd al-ġābir wa ta'tīruhā ᶜalā al-ᶜālam. In: AS, 2 (1922) 16, S. 1-4
– Ilā šaᶜbinā al-miṣrī. In: DWM, 1 (1923) 1, S. 1-3
– Mawāḍiᶜ aḍ-ḍuᶜf fī siyāsat al-aḥzāb al-miṣrīya al-ḥāḍira. In: DWM, 1 (1923) 2, S. 17-23
– Markaz al-mar'a al-miṣrīya. In: DWM, 1 (1923) 2, S. 30-32
Dardiry, Yehya Ahmed El-: Die Rolle der ägyptischen Frau in der Vergangenheit und Gegenwart. In: AK, 3 (1923) 6, S. 169-178
Dardiry, Gecha ad-: Feier im Orient-Klub zum Gedächtnis an das am 11.Juli 1882 stattgefundene Bombardement. Ansprache des Herrn Dr.Gecha ad-Dardiry. In: AK, 3 (1923) 6-7, S. 201-203

Dinānā, Ṭāhā (1897-?)

Ägypter, 1920 nach Deutschland, ab 1921 Medizinstudium in Berlin und Leipzig, der Staatswissenschaft in Göttingen, 1926 Promotion in Leipzig „Ibn Ḫātimah. Die Schrift von Abī Ǧaʿfār Aḥmed ibn ʿAlī ibn Moḥammed ibn ʿAlī ibn Ḫātimah aus Almeriah"; Sympathisant der ägyptischen Nationalpartei in Deutschland, Mitglied des „Ägyptischen Nationalen Verteidigungskomitees", Mitbegründer der „Wissenschaftlichen Gesellschaft Tawaddud" in Berlin und des „Ägyptischen Studentenvereins" in Leipzig; 1925 wegen „staatsfeindlicher, politischer Betätigung" aus Preußen ausgewiesen.

Artikel

Dinanah, Taha: Der 9. März. In: Der Ägyptische Herold, Leipzig (1924) 1, S. 1-2
- Ein Trugbild der Unabhängigkeit. In: Der Ägyptische Herold, (1924) 1, S. 9-10
- Der Sudan. In: Der Ägyptische Herold, (1924) 1, S. 12-15
- Saad Zaglul. In: Der Ägyptische Herold, (1924) 1, S. 15-17

Dinānа, Ṭāhā: Kalimat quddimat ilā Ǧamʿīyat mustašriqīn al-Almān fī iḥtifālihā bi-muḍīy sabʿīn ʿāman ʿalā ta'sīsihā. In: al-Ḥamāma, 1 (1924) 2, S. 60

Ḍūmiṭ, ʿAzīz (1890-1943)

Palästinenser, Lehrer, Dramatiker; 1920/21 und 1928/29 aus Anlaß von Bühnenaufführungen seiner Werke in Deutschland, von 1939 bis zu seinem Tode Übersetzer im Reichspropagandaministerium und im Auswärtigen Amt.
(BIO: Gerhard Höpp, „Ein Komma zwischen den Kulturen". Der Dichter Asis Domet. In: Das Jüdische Echo, Wien 48 (1999), S. 156-160)

Bücher

Domet, Asis: Die Tänzerin von Fayum. Schauspiel in 4 Akten. Potsdam: G. Kiepenheuer 1922, 56 S. (18: A/17990)
- Ben Sina. Dramatisches Gedicht in fünf Aufzügen. Wien: Samuel Insel 1924, 78 S. (101: 1925 A 1337; Österreichische Nationalbibliothek: 826.731 - B.Th.)
- Fräulein Seele. Drama in drei Akten. Berlin: Bühnenvertrieb „Das Minarett" 1929, 73 S. (18: A/13976)

Artikel

Domet, Asis: Eine deutsch-arabische Kulturmission. In: Neue Preußische Zeitung, 22.10.1920, Abend-Ausgabe
- Der Traum von Tel-Awiw. In: Wiener Morgenzeitung, 14.5.1922
- Das Erwachen des nahen Ostens. In: Vossische Zeitung 1.8.1928
- Die gesellschaftliche Stellung der Mohammedanerin. In: Dresdner Anzeiger, 13.1.1929
- General v. François und die aegyptische Umwaelzung. Die Neue Zeit, Ulm 12 (1930) 29, S. 6

ʿAzīz Ḍūmiṭ

Fāḍil, Muḥammad

Ägypter; 1923 Herausgeber des Organs der ägyptischen Nationalpartei in Österreich, „Die Ägyptische Fahne", in Innsbruck, 1925 Vorsitzender der Partei in Österreich, Herausgeber der Zeitung „Die Ägyptische Flagge" in Berlin, dann nach Halle/Saale.

Artikel

Fadel, M.: Was wir wollen! „Mit Gott für König und Vaterland". In: Die Ägyptische Flagge, 1(1925)1

Fahmī, Muḥammad (1880-1963)

Ägypter, 1900 nach Genf, Jurastudium; Funktionär der ägyptischen Nationalpartei, 1908 Gründer und Vorsitzender des „Comité de la jeunesse égyptien" in Genf, 1915 Herausgeber des „Echo de l'Egypte", 1916 Teilnahme an der 3. Nationalitätenkonferenz in Lausanne, 1919 an der Sozialistenkonferenz in Bern, 1942 Direktor der „Mission scolaire égyptienne" in der Schweiz und im unbesetzten Frankreich.

Bücher, Broschüren, Flugschriften:

Fahmy, Mohamed: La vérité sur la question d'Egypte. Mémoire présenté au XIXe Congrès de la Paix universelle, St. Imier 1913, 59 S. (Schweizerische Landesbibliothek Bern: 32 4a-1))

– An Open Letter Addressed to Mr. Asquith, the British Prime Minister, Genf 1915, 4 S. (1: Krieg 1914-9436/3; 101: 1916 B 1442; Zentralbibliothek Zürich: LK 2001 a 406))

Fahmī, Muḥammad: Ḫiṭāb maftūḥ ilā al-mistir Asquith ra'īs wizārat Inǧiltirrā, Genf 1915, 4 S. (Hagen, S. 204-207)

Fahmy, Mohamed: Lettre ouverte à Monsieur Asquith, Premier Ministre de la Grande-Bretagne, Genf 1915, 4 S. (101: 1916 B 1444)

– Lettera aperta al Signor Asquith, Ministro della Gran Brettagna, Genf 1915, 4 S. (1: Krieg 1914-9436/1; 101: 1916 B 4602; Zentralbibliothek Zürich: LK 2001 a 105)

– Carta aberta ao Snr. Asquith, Ministro da Grande-Bretanha, Genf 1915, 4 S. (1: Krieg 1914-9436/2; 101: 1916 B 1443; Zentralbibliothek Zürich: LK 2001 a 407)

– La question d'Egypte. Genf: Librairie J. H. Jeheber 1917, 75 S. (Neuauflage von „La vérité...") (1a: Ur 9401(2); 101: 1917 B 3759; Schweizerische Landesbibliothek Bern: N 15850/19; Zentralbibliothek Zürich: DN 254)

Artikel

Fahmy, Mohamed: Offener Brief an Asquith. In: Vossische Zeitung , 14.9.1915, Morgen-Ausgabe

– Die Vergewaltigung Aegyptens. In: Hamburger Nachrichten, 14.9.1915

– England und Ägypten. In: Hamburger Correspondent, 18.9.1915, Morgen-Ausgabe

Fākūsā, Ḥasan (1907-?)

Ägypter, Journalist; 1934-1938 Studium in Edinburgh, danach in Genf, 1940 Studium am Deutschen Institut für Ausländer, bis 1942 der Rechtswissenschaften, 1942-1943 der Medizin in Berlin.

Artikel

Fakoussa, H.A.: England und Ägypten. In: Geist der Zeit, 17(1939)10, S.704-705, 743-748
– England und Ägypten (II). Britischer Imperialismus gegen ägyptischen Nationalismue. In: Geist der Zeit, 17 (1939) 12, S. 852-854, 878-881
– Deutschland und Ägypten. In: Geist der Zeit, Berlin 18 (1940), S. 356-359; Berliner Monatshefte, 18 (1940), S. 627-636
– Das ägyptische Heer. In: Geist der Zeit, 18 (1940), S. 700-706
– Ägyptens auswärtige Politik. In: Zeitschrift für Geopolitik, Heidelberg u.a. 17 (1940) 3, S. 124-127
– Fakoussa, Hassan A.: Kampf hinter den Kulissen. Die kulturellen Beziehungen zwischen Deutschland und Ägypten. In: Wir und die Welt, Magdeburg 3 (1941) 2, S. 71-72, 77-78
Fakoussa, H.A.: Die Völker Aegyptens und ihr Ursprung. In: Europäischer Wissenschafts-Dienst, Berlin 2 (1942) 9, S. 7-8; Rheinisch-Westfälische Zeitung, 24.7.1942, Abend-Ausgabe
Fahoussa, Hassan A.: Aegypten und Europa. In: Rheinisch-Westfälische Zeitung, 21.7.1942, Morgen-Ausgabe
– Fakoussa, H.A.: Aegyptens „umfassende Neutralität". Die völkerrechtliche Stellung Aegyptens. In: Europäischer Wissenschafts-Dienst, 3 (1943) 5, S. 16-17

Farīd, Muḥammad (1868-1919)

Ägypter; 1908 Vorsitzender der ägyptischen Nationalpartei, 1910 Teilnahme am Ägyptischen Nationalkongreß in Brüssel, 1910 und 1911 Kurzaufenthalte in Deutschland, 1912 nach Genf, Herausgeber der Zeitschrift „Le Progrès de l'Islam", 1916 Teilnahme an der 3. Nationalitätenkonferenz in Lausanne, 1917 an der Internationalen Sozialistischen Konferenz in Stockholm, 1917/18 mit ʿAlī ʿAlawī Herausgabe des „Bulletin du Parti National Egyptien", 1917 nach Berlin, Zusammenarbeit mit der „Nachrichtenstelle für den Orient", Tod in Berlin; seine Leiche wurde 1920 nach Kairo übergeführt.

(BIO: Arthur Goldschmidt Jr. (Hg.), The Memoirs and Diaries of Muhammad Farid, an Egyptian Nationalist Leader (1868-1919), San Francisco 1992; ʿAbd ar-Raḥmān ar-Rāfiʿī, Muhammad Farīd ramz al-iḫlāṣ wa't-taḍḥiya, Kairo 1961; Rifʿat as-Saʿīd, Muḥammad Farīd al-mauqif wa'l-ma'sāt. Ru'ya ʿaṣrīya, Kairo 1991; Lothar Rathmann, Some Remarks on the Stay in Germany of Muṣṭafā Kāmil, Muḥammad Farīd and Other Leaders of the Egyptian Movement for Independence. In: Wissenschaftliche Zeitschrift der Karl-MarxUniversität Leipzig, 13 (1964) 2, S. 217-221)

Bücher, Broschüren:

Farid, Mohamed: Campagne de Mohamed Bey Farid, Chef du Parti National Egyptien. Paris, Lyon, Londres, Mai-Juin 1910. 6.Aufl., (Bruges: St. Catherine Pr. o.J.), 110 S. (1a: Ur 9399/6; Bibliothèque publique et universitaire de Genève: Br 2765)

Farid, Mohammed: Etude sur la crise ottomane actuelle: 1911-1912. Genf: Kündig 1913, 61 S. (25/29: OF/a/5200)

– Etude sur la crise ottomane actuelle: 1911-1912; 1914-1915. Nouv. ed. Genf: Le Progrès de l'Islam 1915, 83 S. (101: 1916 A 282; Bibliothèque publique et universitaire de Genève: AG broch. 54)

– Les intrigues anglaises contre l'Islam. Lausanne: Librairie Nouvelle 1917, 41 S. (1: Krieg 1914-16058; 25/31b: Ui 340/2; 101: 1917 B 6579; Schweizerische Landesbibliothek Bern: N 16.330/20)

Artikel

(Farid): Die Pläne der Jungägypter. Unterredung mit Farid Bei. In: Berliner Tageblatt, 5.11.1910, Abend-Ausgabe

(Farid): Discours de Farid Bey. In: BPN, (1917) 1, S. 4-7

(Farid, Mohammed): Interview de Mohammed Farid Bey, chef du parti nationaliste égyptien, parre dans le Stockholm Dagblad de 12 octobre 1917. In: BPN, (1917) 1, S. 22-23

Farid, Mohamed: Telegramm an Talaat Pascha. In: KNO, 3 (1917) 10, S. 434

– La neutralité du canal de Suez. In: BPN, (1917) 2, S. 29-31

Ferid, Muhammed: Die arabische Bewegung. In: KNO, 3 (1917) 11, S. 459-461; Neue Preußische (Kreuz-) Zeitung, 6.3.1917, Morgen-Ausgabe, Beilage; Deutsche Welt, (1917) 26, S. 309-310

Farid, Mohamed: Bagdad und die englischen Intrigen. In: Münchner Neueste Nachrichten, 15.3.1917

– Résumé des travaux... (Siehe Šarīf at-Tūnisī)

Farid, Mohammed: Der englisch-französische Gegensatz im Orient. In: Kölnische Zeitung, 27.5.1917

Farid, Mohamed: Asien und der Weltkrieg. In: Asien, 14 (1917) 11, S. 185-187

– England gegen das Khalifat. In: Berliner Tageblatt, 3.4.1917, Morgen-Ausgabe

Farid, M.: Der englisch-russische Wettbewerb im Nahen Orient. In: Kölnische Zeitung, 18.8.1917, Erste Morgen-Ausgabe

Farid, Mohamed: Die Freiheit Aegyptens. In: Frankfurter Zeitung und Handelsblatt, 23.9.1917

– Der Anklage- und Freiheitsschrei Aegyptens. England vor dem Richterstuhl. In: Rheinisch-Westfälische Zeitung, 22.11.1917, III.Ausgabe

– Les restrictions à l'instruction publique. In: BPN, (1917) 3, S. 72-74

Farid, Mohammed: Stockholmer Aufruf. In: Berliner Neueste Nachrichten, 20.12.1917, Abend-Ausgabe

Ferid, Mohamed: Aegypten und das Prinzip der Nationalitäten. In: Deutsche Tageszeitung, 23.12.1917, Morgen-Ausgabe

Farid, Mohammed: 1917-1918. In: IW, 2 (1918) 1, S. 14-15

Farid, M.: L'instruction publique en Egypte (suite). In: BPN, (1918) 5, S. 128-131

KORRESPONDENZBLATT DER NACHRICHTENSTELLE FÜR DEN ORIENT

HALBMONATSAUSGABE

DIE HALBMONATSAUSGABE ERSCHEINT ZU ANFANG UND MITTE JEDEN MONATS IM UMFANGE VON JE 32—40 SEITEN

N.O.

NEBEN DER HALBMONATSAUSGABE WIRD EINE AUSGABE FÜR DIE PRESSE MONATLICH SECHSMAL VERSANDT

SCHRIFTLEITUNG: DR. JUR. HERBERT MUELLER

REDAKTION: BERLIN W 30, TAUENTZIENSTR. 19a (SPRECHST. 11—2) · TEL. STEINPLATZ 12915/16

III. JAHRGANG NUMMER 11

INHALT:

Muhammed Ferid Bey: Die arabische Bewegung . . . 459
Africanus: Marokko im Kriege 461
Verlorene Liebesmüh 463
Vorbedingungen zur Hebung der Volksgesundheit im Orient 463
England im Persischen Golf 465
Lokale Selbstverwaltung in Indien 466
Das englische Schulsystem in Indien in indischem Urteil . 467
Die „Loyalität" Nepals 469

Politische Rundschau im Orient:
Türkei. Tripolis. Tunis. Russisch-Asien. Persien. Ostasien 470
Briefwechsel der Redaktion 474

Wirtschaftlicher Teil.

H. Altdorffer: Von Kanalprojekten in Rußland . . . 475
Eugen Löwinger: Die wirtschaftlichen Verhältnisse in Massauah und in Arabien 476
Die Halfaerzeugung Algeriens 477
Der Handel Indiens im Jahre 1915 16 478
Die Industriebefähigung der Inder 479
Berichte über türkische Wirtschaft:
Deutschland und die wirtschaftliche Zukunft der Türkei . . 480
Kurze wirtschaftliche Nachrichten:
Ägypten. Sudan. Tunis. Algerien. Marokko. Russisch-Asien. Persien. Britisch-Indien. Vereinigte Malayenstaaten. Straits Settlements. Siam. Indochina. Niederländisch-Indien. Britisch-Nord-Borneo. China. Mandschurei. Japan. Korea 488

Literarischer Teil.

Eugen Mittwoch: Aus amharischem (abessinischem) Volksmunde 493
Mohammed Ali: Adlerflug über dem Meer 494
Aus Zeitschriften und Zeitungen 495
Bücherbesprechungen 496
Neu erschienene Werke 498

Urkunden.

Die Regierungsorgane des Osmanischen Reiches (11) . . . 499
Die Arbeit des Osmanischen Landtags im dritten Jahr der dritten Wahlperiode 503
Türkische Gesetze, Verordnungen und Allerhöchste Erlasse im Osmanischen Reichsanzeiger 509
Sonderbeilage: Die Forderungen Indiens nach Selbstregierung 513

AUSGEGEBEN AM 6. MÄRZ 1917.

Die arabische Bewegung.

Von Muhammed Ferid Bey,
Präsident der ägyptischen Nationalpartei.

Diese Bewegung, die man, wollte man genauer sein, die englische Bewegung in Arabien nennen müßte, ist eine englische Erfindung. England hatte aus unersättlichem Kolonisationsehrgeiz immer den Gedanken gehabt, sich einen Landweg nach Indien zu sichern, von Ägypten ausgehend über Palästina, Mesopotamien und Persien. Dieser Weg wurde von einem ihrer Forscher, dem Hauptmann Camerun, vor einigen Jahrzehnten ausgekundschaftet, seine Ergebnisse wurden in einem Band unter dem Titel „Unser zukünftiger Indienweg" veröffentlicht. Seitdem unterhält die englische Regierung unausgesetzt Beziehungen zu einigen Persönlichkeiten von Basra und Mohammarah. Ihre Agenten durchstreifen die Uferländer des Persischen Golfes und den Süden Arabiens nach allen Richtungen. Sie verteilen englisches Gold im Überfluß und schaffen sich auf diese Weise Klienten in den Gebieten, wo die Obrigkeit des Ottomanischen Kaiserreichs kaum dem Namen nach bestand.

Englands Niederlassung in Aden mit Zustimmung der Hohen Pforte, seine Besetzung der Inseln Al Bahrain und anderer kleiner Inseln am Eingang des Persischen Golfes haben viel dazu beigetragen, seinen Einfluß unter diesen verschiedenen, halb unabhängigen Sultanen, Emirs oder Scheichs auszudehnen, die es wie seinesgleichen behandelte und mit Titeln wie Majestät oder Hoheit überschüttete oder ihnen königliche Aufnahme auf seinen Kriegsschiffen zuteil werden ließ, die ihre Küsten von Zeit zu Zeit besuchten.

Diese kleinen Herren glaubten wirklich, sie seien unabhängig, aber keiner von ihnen konnte je die religiöse Obrigkeit des Sultan-Kalifen verleugnen, der seinen Sitz in Stambul hat.

Die Engländer, bekannte Meister in der Kunst zu teilen und zu herrschen, haben es doch niemals zuwege gebracht, die moralische Macht des Kalifats zu untergraben. In dieser Überzeugung faßten sie den Entschluß, sie dem türkischen Padischah zu rauben, um irgendeinen kleinen, mohammedanischen Araberfürsten damit zu beglücken und sich so jener Macht zu bedienen, die sie nie zerstören konnten.

Ihre bevorzugte Stellung in Ägypten war den Engländern bei der Ausdehnung ihres Einflusses in Arabien von großem Nutzen. Bei diesem perfiden Unternehmen benutzten sie Agenten jeder Art. U. a. stand der berüchtigte Scheich Raschid Rida in ihren Diensten, ein Syrer, der in Kairo die Monatsschrift „Al Manar" her-

Muḥammad Farīd

Farid, Mohamed: L'Instruction Publique en Egypte (Suite). In: BPN, (1918) 6, S. 150-155
- Déclarations de Mohamed Farid bey à propos du discours de S.E. Khalil bey. In: BPN, (1918) 6, S. 161-162
- Activité du Parti National Egyptien en Europe. In: Memoires présentés par le Parti National gyptien à la Conférence de la paix à Paris et au Congrès Socialiste à Berne, Genf 1919, S. 2-7

Fāyid, Muṣṭafā Kamāl (1898-?)

Ägypter; bis 1925 Studium in Deutschland, dann Jurastudium in Österreich, 1927 Promotion in Graz „Entwicklung der Verfassung Ägyptens"; 1925 Herausgeber „Die Ägyptische Fahne" in Innsbruck.

Artikel

Fayed, M.K.: Die Gefahren des Kommunismus in Aegypten. In: Die Ägyptische Fahne, (1925) 20, S. 3

Fu'ād, Aḥmad (1886-1931)

Ägypter, Augenarzt, Medizinstudium in Kairo und Istanbul; 1922 mit Yaḥyā Aḥmad ad-Dardīrī Leitung des „Ägyptischen Nationalen Verteidigungskomitees" in Berlin.

Artikel

Fuad, Ahmed: Das Erwachen des Orients. In: SO, 1 (1922) 1, S. 16-20
- Werden die beiden Nebenbuhler öffentlich streiten? England, Frankreich, die Türkei und Griechenland. In: SO, 1 (1922) 2, S. 32-35
- Ägypten im Hedschas. Einige Bemerkungen zur alten geschichte. In: SO, 1 (1922) 2, S. 44-47
- Der große türkische Sieg. Die griechische Niederlage, ein neuer Abschnitt in der Orientfrage. In: SO, 1 (1922) 3, S. 65-68
- Der Weltfriede. Lausanne und das Ruhrgebiet. In: SO, 2 (1923) 7, S. 162-165
- Turkey and the Khilafat. In: SO, 1 (1923), S. 169-174
- Das Forschungsinstitut für Kulturmorphologie zu München. In: SO, 1 (1923) 9, S. 254-257

Ǧābī, Ǧamīl al-

Iraker; gehörte zur *entourage* des ehemaligen irakischen Ministerpräsidenten, Rašīd ʿĀlī al-Kailānī, in Deutschland.

Artikel

Ǧābī, Ǧamīl al-: Laisa fi'l-a'yāb al-inklīz šai' ğadīd. In: al-Ǧahīr, (September 1941) 2, S. 12
– Naǧwī al-malik aš-šahīd. In: al-Ǧahīr, (Oktober 1941) 3, S. 5-7

Ǧābirī, Iḥsān al-(1879 o. 1882-1980)

Syrer, Jurastudium in Istanbul und Paris, Staatsbeamter; 1920 nach Paris, dann nach Genf; 1921 Delegierter zum Syrisch-palästinensischen Kongreß und Mitglied der syrisch-palästinensischen Delegation beim Völkerbund, 1930 mit Šakīb Arslān Herausgeber der Zeitschrift „La Nation Arabe", 1935 Vizepräsident des Kongresses der Muslime Europas, 1937 Rückkehr nach Syrien, bis 1939 Gouverneur der Provinz Lāḏiqīya. 1947 Vorsitzender der syrischen Nationalpartei, 1954 Parlamentsabgeordneter.

Artikel

Djabry, Ihsan: Die syrische Frage in Europa. In: IG, 1 (1927) 2, S. 32-36; IE, 1 (1927) 26, S. 1; IE, 1 (1927) 27, S. 1
Djabry, Ihsan El (mit Schekib Arslan, Riad E Soulh): Die zweite Etappe des syrischen Freiheitskampfes. Das Programm des französischen Oberkommissaars und die syrische Nationalbewegung. In: IG, 1 (1927) 1, S. 3-14
– (mit Schekib Arslan, Riad El Solh): Die Denkschrift der syrischen Delegation. Eine Intervention der syrischen Freiheitsführer beim Völkerbund. In: IE, 1 (1927) 23, S. 1-2
Djabry (mit Schekib Arslan, Riadh Solh): Der „neue Kurs" in Syrien und die syrische Delegation in Genf. In: IE, 2 (1928) 8-9, S. 1-2; IG, 2 (1928) 2-3, S. 23-25

Ǧābirī, Iḥsān Bahā ad-Dīn al-(1902-?)

Syrer, Studium an der Technischen Hochschule Berlin, 1927 am Deutschen Institut für Ausländer; 1924 Kassenwart der „Akademisch-Islamischen Vereinigung Islamia", 1925 Mitglied des Vorstands der „Vereinigung Ausländischer Studierender", 1926 Gründer und bis 1929 Vorsitzender des „Arabischen Studentenbundes an der Technischen Hochschule zu Berlin"; Rückkehr nach Syrien, in den dreißiger Jahren Autor in der Zeitschrift "aṭ-Ṭalī'a". Nach 1945 Beamter im Ministerium für öffentliche Arbeiten, Gründer der Zeitschrift „al-Muhandis al-'arabī".

Artikel

Djabri, Ihsan B.: Appel adressé au Conseil de la S.D.N. par les colonies syriennes d'Allemagne. In: Georg Kampffmeyer (Hg.), Damaskus. Dokumente zum Kampf der Araber um ihre Unabhängigkeit, Berlin 1926, S. 134-135 (s. auch Syrische Kolonie in Deutschland)

Djabry, Ihsan Bahaeddin: Die syrische Frage. In: Die Menschheit, 23.9.1928, S. 307-308; 16.12.1928, S. 397-398

Gailani s. Kailānī

Ǧalāl, Kamāl ad-Dīn (1903-?)

Ägypter, ab 1922 Studium an der Technischen Hochschule Berlin, 1934 Studium der Zeitungswissenschaft, 1938 der „Völkischen Erziehung", 1939 Promotion „Entstehung und Entwicklung der Tagespresse in Ägypten"; seit 1926 freier Korrespondent ägyptischer Zeitungen, ab 1934 Korrespondent von „al-Balāġ" und „al-Ahrām", 1939 Redakteur der Zeitschrift "Barīd aš-Šarq"; 1927 Sekretär, 1928/29 Vorsitzender des „Ägyptischen Studentenvereins an der Technischen Hochschule", 1928 Mitglied des Kulturamts der „Hauptvereinigung Ausländischer Studierender" und Mitglied des Exekutivkomitees der Ägyptischen Kolonie in Berlin, 1941 Generalsekretär des Stiftungsrats des Islamischen Zentral-Instituts zu Berlin. 1953 Presseattaché beim ägyptischen Generalkonsulat in Frankfurt/M.

Bücher

Galal, Kamal-Eldin: Entstehung und Entwicklung der Tagespresse in Aegypten. Frankfurt/M.: Diesterweg 1939, 178 S. (11: Ac 23747, N.F. Reihe A. 11; 30: 1939 S 17/2994; 101: SA 8755 - N.F. 11)
- Dito. Limburg: Limburger Vereinsdruckerei 1939, 179 S. (7: U 39.651; 89: Diss 2638; 101: Di 1939 A 3046; 547: AP 29471 G146)

Artikel

Kemal-Eddin, Mohammed: Um die Aufhebung der Kapitulationen in Ägypten. In: IE, 1 (1927) 2, S. 6-7
– Die wirklichen Gründe der aegyptischen Regierungskrise. In: IE, 1(1927)5, S.6-8
Galal, Kamal Elden: Ägyptischer Studentenverein der Techn. Hochschule Charlottenburg. In: Neue Horizonte, 1 (1928) 1, S. 11-12
Galal, Kemal Eddin: Der Sudan - ein untrennbarer Teil Ägyptens. Die Notwendigkeit eines rein ägyptischen Heeres. In: IE, 2 (1928) 8-9, S. 3; IG, 2 (1928) 2-3, S. 10-13
Galal, Kemal Eldin: Der Sudan und das ägyptische Heer. In: Der Vormarsch, 2 (1928) 1, S. 25-26
Galal, Kamal El Din: Aegyptens Lage nach dem Weltkriege. In: DNO, 8 (1935) 3, S. 116-119
Galal, Kamal Al-Din: Der Sudan zwischen England und Ägypten. In: DNO, 8 (1935) 7, S. 261-263
Galal, Kamal-Eldin: Die ägyptische Armee einst und jetzt. In: DNO, 8 (1935) 10, S. 389-391

Galal, K.E.: Der Sport im islamischen Ägypten. In: ON, 2 (1935/36) 19-20, Sp. 8-12; MW, 12 (1936) 3, S. 83-88
Galal, Kamal Eldin: Montreux und das ausländische Kapital in Ägypten. In: ON, 3 (1937) 11, S. 147
– Faruk I., König von Ägypten. In: ON, 3 (1937) 16, S. 225
– Die ägyptische Baumwollkrise. In: ON, 3 (1937) 20, S. 294-295
– Der internationale Baumwollkongreß in Ägypten. In: ON, 4 (1938) 5, S. 68-71
Galal, Kamal Eldin: Ägypten und seine Presse 1918-1936. In: ON, 5 (1939) 1, S. 4-8
Gl.: Einziger Feind des Orients: England. ON, 5 (1939) 22-23, S. 305-307
Galal, K.E.: Not des Überflusses. Die aegyptischen Sorgen um den Baumwollpreis. In: Münchner Neueste Nachrichten, 1.11.1937
Galal, Kamal Eldin: Der Sudan eine britische Leistung? In: DO, Berlin 2 (1941) 4-5, S. 54-70
Ǧ(alāl, Kamāl ad-Dīn).: al-Waḥda al-ʿarabīya. In: BS, 5 (1943) 46, S. 4-6
– al-Maʿhad al-islāmī al-ʿāmm bi-Berlin. In: BS, 5 (1943) 46, S. 8-11
– Inǧiltirrā baina ams wa'l-yaum. In: BS 6 (1944) 52, S. 21-23

Ǧāsim, Rašād (1908-?)

Syrer, 1939 Studium in Jena, 1943 Medizinstudium in Berlin; 1941-1943 Mitarbeiter der Rundfunkpolitischen Abteilung des Auswärtigen Amtes in Berlin, 1941 Redakteur der vom Amt herausgegebenen Rundfunkzeitschrift "al-Ǧahīr".

Artikel

Dschasim, Raschad: Wie sieht der Araber Italien, Frankreich, England und Deutschland? In: Wir und die Welt, Heidelberg u.a. 1(1939) 8, S. 10-16
– Warum bleiben die Araber auch während des Krieges in Deutschland? In: Geist der Zeit, Berlin 18 (1940), S. 31-37
Ǧāsim, Rašād al-: Ḥaqīqat al-ʿilāqāt al-ʿarabīya al-inklīzīya. In: al-Ǧahīr, (Oktober 1941) 3, S. 8-11
– Mašrūʿ musāʿadat aš-šitā. In: al-Ǧahīr, (Oktober 1941) 3, S. 10-12
– al-Musāʿada al-māddīya al-inǧlīzīya al-amrīkīya li'š-šuyūʿīyīn wa muškilat an-naql. In: al-Ǧahīr, (November 1941) 4, S. 4-7
Ǧ., R.: al-Ḫidma al-ʿamalīya. In: al-Ǧahīr, (September 1941) 2, S. 8-11
Djassim, Raschad: Der Islam und der Panarabismus. In: Deutschlands Erneuerung, München-Berlin 26 (1942) 8, S. 418-422

(N. F. Reihe A)

Entstehung und Entwicklung der Tagespresse in Ägypten

Inaugural-Dissertation

zur Erlangung des Doktorgrades

genehmigt von der

Philosophischen Fakultät der Friedrich-Wilhelms-Universität zu Berlin

von

Kamal Eldin Galal

aus El Damer (Sudan)

Tag der Prüfung: 23. Juni 1938
Tag der Promotion: 15. Februar 1939

Limburg an der Lahn 1939
Druck der Limburger Vereinsdruckerei G. m. b. H.

Ǧirtallāh, Muḥammad (1900-?)

Ägypter, ab 1920 Medizinstudium in Berlin, 1927 Promotion „Behandlung von Ischias und Lumbago"; 1925 Ko-Vorsitzender der „Deutsch-Ägyptischen Vereinigung", 1927 Mitglied des Stiftungsrats des Islam-Instituts zu Berlin und Schatzmeister des Ägyptischen Nationalkongresses in Berlin.

Artikel

Girtala, Mohamed: Aegyptens Freiheitskampf (Vortrag am 15.2.1922). In: AS, 1 (1922) 11, S. 8

Ḥaḍarī, Muḥammad Šafīq (1900-?)

Ägypter, 1923-1927 Medizinstudium in Berlin.

Artikel

Schafiq, Mohammed: Der Suezkanal als freie Völkerstraße. In: IE, 2(1928)8-9, S.4; IG, 2 (1928) 2-3, S. 16-19

Ḥamawī, Ma'mūn al- (1916-?)

Syrer, 1936 nach Deutschland, Studium am Deutschen Instituts für Ausländer, 1937-1940 an der Mathematisch-Naturwissenschaftlichen Fakultät, 1940-1943 an der Auslandswissenschaftlichen und der Philosophischen Fakultät der Berliner Universität, 1943 Promotion in Jena „Die Geschichte der arabischen Nationalbewegung bis zum Ende des ersten Weltkrieges", 1944 in Berlin „Die Anwendung des Mandatssystems". Nach 1945 Mitarbeiter im syrischen Außenministerium, Autor von "al-Muṣṭalaḥāt ad-diblūmāsīya fi'l-inklīzīya wa'l-ʿarabīya" (2. Aufl., Beirut 1966).

Bücher

Hamui, Mamun Al-: Die britische Palästina-Politik. Berlin: Junker und Dünnhaupt 1943, 365 S. (1: 23 A 13843; 7: 8 H UN/X, 172:1; 23: M:Gv 36; 101: 1943 B 3992-1; 154: S/Mfe 29; 294: QTB238; 355: 00/NQ 3210 H232; 705: POL 676 5DA:D000; 824: 00/NQ 3210 H232)

– Die Geschichte der arabischen Nationalbewegung bis zum Ende des ersten Weltkriegs, (Jena) 1943, 96 S. (101: Di 1944 B 636)

– Die Anwendung des Mandatssystems, (Berlin) 1944, 130 S. (101: Di 1944 B 2041)

Artikel

Hamui, Mamun: Weshalb leisten die Araber den Juden Widerstand? In: Geist der Zeit, 17 (1939) 5, S. 364-368

– Die Araber und die britische Politik in Palästina. Die arabische Antwort auf das britische Weißbuch. In: Geist der Zeit, 17 (1939) 8, S. 557-567

Behandlung von Ischias und Lumbago

Inaugural-Dissertation

zur Erlangung der medizinischen Doktorwürde an der Friedrich-Wilhelms-Universität zu Berlin

Von

Mohamed Girtalla

aus Aegypten

Tag der Promotion: 16. 12. 1927

Emil Ebering, Berlin NW. 7, Mittelstraße 29.

Ḥamdi, Munīr

Artikel

Hamdi, Munir: Aegypten und die Aegypter während des Krieges. In: Leipziger Tageblatt, 11.6.1916

Ḫamīrī, aṭ-Ṭāhir al-(1904-1973)

Tunesier, Studium an der Zaitūna-Universität in Tunis und der Université St. Joseph in Beirut, 1936 in Hamburg Promotion „Der ʿAṣabīja-Begriff in der Muqaddima des Ibn Ḫaldūn"; Arabischlektor an der Universität Hamburg, 1943 Mitarbeiter der Rundfunkpolitischen Abteilung des Auswärtigen Amtes in Berlin; 1947 Rückkehr nach Tunesien.

Bücher

Khemiri, Tahir (mit Georg Kampffmeyer): Leaders in Contemporary Arabic Literature. A Book of Reference. Berlin: Deutsche Gesellschaft für Islamkunde 1930, 40, 41 S. (= WI, 9(1930),2-4) (1a: Um 2373/30)

Artikel

Khemiri, T.: Der ʿAsabīja-Begriff in der Muqaddima des Ibn Ḫaldūn. In: Der Islam, 23 (1936) 3, S. 163-188

Ḥamza, ʿAbd al-Malik (Ps. Ibn Marwan, 1886-?)

Ägypter, Jurist; 1912-1914 Sekretär der ägyptischen Nationalpartei, 1916-1918 in Berlin, Mitarbeiter der „Nachrichtenstelle für den Orient", 1916 mit ʿAbd al-ʿAzīz Šāwīš Herausgeber der Zeitschrift „Die Islamische Welt", 1919 in die Schweiz; 1920 Rückkehr nach Ägypten, Parlamentsabgeordneter, 1931 ägyptischer Botschafter in der Türkei.

Artikel

Hamsa, Abd el Malek: Die ägyptische Frage in der Vergangenheit, Gegenwart und Zukunft. In: Asien, 14 (1916) 2, S. 28-32
Hamsa, Abdul Malik: Der Panislamismus. Seine Bedeutung und seine Grenzen. In: IW, 1 (1916) 1, S. 18-20
– Hassans Schicksal. In: IW, 1 (1917) 2, S. 6-12
– Die islamischen Völker und die Friedensnote. In: IW, 1 (1917) 3, S. 8-11
– Der Panislamismus. Seine praktischen Ziele. In: IW, 1 (1917) 7, S. 384-386
– Die Muselmanischen Völker im Kampf. In: IW, 1 (1917) 10, S. 565-567
Ibn Marwan: Die ägyptische Nationalbewegung. In: IW, 1 (1917) 4, S. 196-200
– Die aegyptische Nationalbewegung. II. In: IW, 1 (1917) 5, S. 265-269
– Aegypten im Weltkonflikt. In: IW, 1 (1917) 6, S. 329-332

Ibn Marawan: Die Friedensbewegung und die unterdrückten Völker des Orients. In: IW, 1 (1917) 9, S. 513-514
Hamsa, Abdul Malek: Aegypten und England im Weltkrieg. In: Das junge Europa, 9 (1917) 8-9, S. 25-30
Hamsa, Abdul Malik: Der neue Sultan von Aegypten. In. Vossische Zeitung, 25.10.1917, Abend-Ausgabe
- Das Liebeslied in der arabischen Dichtkunst. In: IW, 2 (1918) 6-7, S. 208-210
Hamsa, M.: Der ägyptische Aufstand gegen England. In: Tägliche Rundschau, 26.3.1919, Morgen-Ausgabe
Hamsa, Abd-el-Malek: Aegyptens Forderungen. In: AK, 1(1921)11-12, S.84-86; Neue Zürcher Zeitung, 13.7.1921, Erstes Mittagsblatt
Hamsa, Abdul Malik: Das Liebeslied bei den Arabern. In: SO, 1 (1922) 2, S. 26-30

Hardy, Ps. für Rif'at

Hāšimī, Muḥammad Yaḥyā (1903-?)

Syrer, 1923 am Deutschen Institut für Ausländer, 1924-1926 Chemiestudium in Stuttgart, 1926-1929 in Berlin, 1932 Studium der Islamwissenschaft in Berlin, 1934 der arabischen Naturwissenschaft in Bonn, 1935 Promotion in Bonn „Die Quellen des Steinbuches des Bêrûnî"; 1926-1933 nebenamtlicher, 1933-1937 hauptamtlicher Arabischlektor am Seminar für Orientalische Sprachen in Berlin; 1926 Mitglied, 1928 Sekretär der *šūrā* der „Islamischen Gemeinde zu Berlin", 1926 Schriftführer der „Akademisch-Islamischen Vereinigung Islamia", 1927 Mitglied des Stiftungsrats des Islam-Instituts zu Berlin, 1933/34 Vorsitzender des Islam-Instituts, 1936 Vorsitzender der „Vereinigung der Arabischen Studierenden El Arabiya"; 1937 Rückkehr nach Syrien.

Bücher

Haschmi, Mohammed Jahia: Die Quellen des Steinbuches des Bêrûnî. Gräfenhainichen: Schulze 1935, 48 S. (101: Di 1936 A 2452 294: UA50542; 352: phx 29:yg/t35)
– Wer war Mohammed? Berlin: Triltsch & Huther 1936, 23 S. (1a: Um 1181/600; 21/31: p Ot I b 18; 30: 1936 S 17/6928; B 2138: EW 51/1618f)

Artikel

Haschmi, Mohammed Jahia: Ein Bergmann 891-93); Die Menschheit sei verdorben...(93-95); Im Laboratorium (95-96); Ich suche die Wahrheit (97-102). In: Wolfgang Gilbert Koeppen, Nacherleben einer Orientreise 1930 mit Beiträgen von Mohammed Jahia Haschmi, Berlin 1931 (1a: Ul 6297)
Haschmi, M.J.: Der Bildungsgedanke der Panarabisten. In: Bonner Blätter, Wintersemester 1935/36, S. 17-19
Haschmi, Mohammed Jahia: Der Orient falsch gesehen. In: OR, 18 (1936) 6, S. 64-65; ON, 2 (1935/36) 16, S. 1-2

Muḥammad Yaḥyā Hāšimī

Haschmi, M.J.: Sport und Leibesübungen im arabischen Orient. In: ON, 2 (1935/36) 19-20, Sp. 13-18
Haschmi, Mohamed Jahia: Die Entwicklung des arabischen Orients. In: Die Schule im nationalsozialistischen Staat, 12 (1936) 3, S. 7-8
Haschmi, Mohammed Jahia: Die Aufhebung des Mandats in Syrien. In: ON, 2 (1935/36) 29-30, S. 19-22
– Der Islam eine Gefahr für Europa? In: ON, 3 (1937) 14, S. 193-194
Haschmi, M.J.: Gedanken zur Reform des Schulwesens in Syrien. In: ON, 4 (1938) 6, S. 89-90

Ḫayyāṭ, Ḥamdī (Ps. Abu Raad, 1915-?)

Iraker, seit 1937 in Deutschland, 1939-1944 Studium der Staatswissenschaften an der Hochschule für Politik in Berlin; gehörte seit 1941 zur *entourage* des ehemaligen irakischen Ministerpräsidenten, Rašīd ʿĀlī al-Kailānī, 1942 Mitarbeiter des „Arabischen Nachrichtendienstes" in Berlin, 1944 in Falkenhain/Waldidylle, 1945 in Prag.

Bücher

Abu Raad: Blut und Öl. Englands Verrat am Irak. Dresden: Franz-Müller-Verlag 1944, 183 S. (1: 50 MA 14871; 18: S A/3129; 19: 8 Hist. 19472; 29: H00/HIST.B 1442; 101: 1944 A 1184)

Artikel

Khayat, Hamdi: Die arabische Welt. In: Deutsche Zeitung in Norwegen, 4.11.1942

Ḥifnī, Maḥmūd Aḥmad al- (1896-?)

Ägypter, Medizinstudium in Kairo, ab 1920 in Berlin und Rostock, 1924-1925 Studium der Musikwissenschaften an der Hochschule für Musik, ab 1928 an der Universität in Berlin, 1931 Promotion „Ibn Sina's Musiklehre hauptsächlich an seinem 'Naǧāt' erläutert. Nebst Übersetzung und Herausgabe des Musikabschnittes der 'Naǧāt',„; 1921 Sekretär des wafdistischen „Ägyptischen Bundes" (ehem. Ägyptische Vereinigung) in Berlin. 1963-1973 Vorsitzender des „Klubs der in Deutschland graduierten Ägypter" (Deutsch-ägyptischer Klub) in Kairo.

Bücher

Ḥifnī, Maḥmūd Aḥmad al-: Ašhur mašāhīr al-mūsīqā al-ġarbīya. Berlin: Druckerei „Machriquie" 1923, 100 S. (1: Zu 5374/10a)
Hefny, Mahmoud el-: Ibn Sina's Musiklehre hauptsächlich an seinem "Naǧāt"erläutert.Nebst Übersetzung und Herausgabe des Musikabschnittes des "Naǧāt". Berlin: Hellwig 1931, 100 S. (11: Berlin, Phil. Diss. 1931)

Hefni, Mahmud el (Hg. mit Robert Lachmann): Jaʿqūb Ibn Isḥāq al-Kindī, Risāla fī ḫubr ta'līf al-alḥān. Über die Komposition der Melodien. Leipzig: Kistner&Siegel 1931, 30 S. (1a: Stabi 2962)

Hilālī, Taqī ad-Dīn (1893 o. 1896-1987)

Marokkaner, Religionsgelehrter, Studium an der Qarawīyīn-Universität in Fes und 1922 an der Azhar-Universität in Kairo;1926-1930 im Ḥiǧāz, 1930-1933 in Indien, 1933-1936 im Irak, 1934 irakischer Staatsbürger, 1936 nach Deutschland, Arabischlektor an der Universität Bonn, 1939 Studium der Kulturwissenschaften in Berlin, 1941 dort Promotion „Die Einleitung zu Al-Bīrūnīs Steinbuch"; Sprecher arabischer Sendungen im Reichsrundfunk, Leiter der kultischen Abteilung des Islamischen Zentral-Instituts zu Berlin, Aberkennung der irakischen Staatsbürgerschaft, 1942 nach Tetuan. 1959 Professor an der Universität in Rabat, 1968/69 an der Universität in Medina, 1974 Rückkehr nach Marokko.

Bücher

Hilālī, Takī ed Dīn al: Die Einleitung zu al-Bīrūnīs Steinbuch. Mit Erläuterungen übersetzt. Leipzig: Harrassowitz 1941, 41 S. (1a: Ser. 228-7; 16: G 2229-9-7; B 2138: 68/10332)

Artikel

Hilali, Taqi ed-Din al-: Die Kasten in Arabien. In: WI, 22 (1940), S. 102-110

Ḥusain, Aḥmad (1911-?)

Ägypter, Journalist und Politiker, Jurastudium in Kairo; 1933 Mitbegründer und Vorsitzender der Vereinigung bzw. Partei „Junges Ägypten" (Ǧamʿīyat Miṣr al-fatāt; seit 1936 Ḥizb Miṣr al-fatāt), 1930 in Frankreich, 1934 in Italien, 1936 und 1938 in Deutschland, 1940-1942 in Ägypten interniert.

Flugschrift

Ḥusain, Aḥmad: Ḫiṭāb al-ustāḏ Aḥmad Ḥusain ra'īs ḥizb Miṣr al-fatāt ilā al-mustašār Hitler zaʿīm Almānīya, 24 yūlīya sanat 1938, o.O., 4 S. (Bundesarchiv Berlin, Auswärtiges Amt, Film 15205; Politisches Archiv des Auswärtigen Amtes Bonn: R 104800, Bl. 293)

Artikel

Hussein, Ahmed: Italien an der Sudan-Grenze. Englisch-ägyptische Verhandlungen. In: Deutsche Bergwerkszeitung. Industrie- und Handelsblatt, Düsseldorf, 2.4.1936

– Aegyptens Erwachen. In: Bremer Nachrichten mit Weser-Zeitung, 6.4.1936

Ḥusainī, Amīn al- (1897-1974)

Palästinenser, Politiker, Ausbildung in Jerusalem, Kairo und Istanbul, 1913-1918 Dienst im osmanischen Heer; 1921 „Großmufti" von Jerusalem, 1922 Vorsitzender des Hohen Islamischen Rates, 1931 des Allgemeinen Islamischen Kongresses in Jerusalem, 1936 des Hohen Arabischen Komitees, 1937 Exil in Libanon, 1939 im Irak, 1941 Beteiligung am Kailānī-Putsch, Flucht nach Iran, Italien und Deutschland, bis 1945 enge Zusammenarbeit mit zivilen und militärischen Stellen der Achse, Einrichtung eines „Arabischen Büros" in Berlin, 1942 Schirmherr des Islamischen Zentral-Instituts zu Berlin; 1945 über Frankreich nach Ägypten.
(BIO: ʿAbd al-Karīm al-ʿUmar (Hg.), Mud̠akkirāt al-ḥāǧǧ Muḥammad Amīn al-Ḥusainī, Damaskus 1999; Zuhair Māridīnī, Filasṭīn wa'l-ḥāǧǧ Amīn al-Ḥusainī, Beirut 1986; ʿAunī al-ʿUbaidī, Ṣafaḥāt min ḥayāt al-ḥāǧǧ Amīn al-Ḥusainī, Amman 1985; Zvi Elpeleg, The Grand Mufti. Haj Amin al-Hussaini, Founder of the Palestinian National Movement, London 1993; Philip Mattar, The Mufti of Jerusalem: al-Hajj Amin al-Husayni and the Palestinian National Movement. 2.Aufl., New York 1992; Klaus Gensicke, Der Mufti von Jerusalem, Amin al-Husseini, und die Nationalsozialisten, Frankfurt/M. u.a. 1988)

Broschüren, Flugschriften

(Husaini, Amin al-): Die Rede Seiner Eminenz des Großmufti Anläßlich der Eröffnung des Islamischen Zentral-Instituts zu Berlin E.V. am Tage des Idul-Adha Freitag, den 18.Dezember 1942 10. Zul-Hidschah 1361, o.O., o.J., 5 S. (Bundesarchiv Berlin: Auswärtiges Amt, Film 15451, Bl. 298024-298028)
– Die Rede Seiner Eminenz des Großmufti von Palästina anläßlich des Geburtstages des Gottgesandten Muhameds am Freitag, dem 12.Rabi-ul-Awwal 1362 (19.März 1943). Berlin: Islamisches Zentral-Institut o.J., 6 S. (Bundesarchiv Berlin: Auswärtiges Amt, Film 15451, Bl. 297890-297895)
– Rede S. Em. des Grossmufti anläßlich der Protestkundgebung gegen die Balfour-Erklärung am 2.November 1943. Berlin: Islamisches Zentral-Institut o.J., 8 S. (Bundesarchiv Berlin: Auswärtiges Amt, Film 15451, Bl. 297878-297886)

Artikel

Ḥusainī, Amīn al-: Bayān samāḥat al-muftī al-akbar ilā aš-šaʿb al-miṣrī (3.7.1942). In: BS, Berlin 4 (1942) 42, S. 3
– Samāḥat al-muftī al-akbar yataḥaddaṯ ilā al-umma al-ʿarabīya 10.11.1942). In: BS, 4 (1942) 45, S. 5-7
– Nidā zaʿīm al-ǧihād al-ʿarabī ilā ʿarab šimāl Ifrīqiyā al-kirām (25./26.11.1942). In: BS, 4 (1942) 45, S. 1
– Ḫitāb samāḥat muftī Filasṭīn al-akbar fī iḥtifāl muslimī Berlin bi-maulid an-nabī al-ʿarabī al-karīm (19.3.1943). In: BS, 5 (1943) 47, S. 11-18
– Kalimat al-ʿurūba ilā aṣ-ṣihyūnīya. Radd samāḥat al-muftī al-akbar ʿalā Weizmann wa ǧamāʿatihi (17.6.1943). In: B 5 (1943) 49, S. 1-5
– Ḫitāb li-samāḥat al-muftī al-akbar bi-munāsabat aṯ-ṯaura al-lubnānīya al-waṭanīya (18.11.1943). In: BS, 5 (1943) 51, S. 3-4

Amīn al-Ḥusainī

– Samāḥat al-muftī al-akbar yataḥaddaṯ ilā al-ʿālam al-islāmī bi-munāsabat ḥulūl al-ʿām al-hiǧrī al-ǧadīd. In: BS, 6 (1944) 52, S. 3-6
– Ḫiṭāb samāḥat al-muftī al-akbar bi-munāsabat ḏikrā maulid an-nabī al-karīm. In: BS, 6 (1944) 53, S. 7-9
Hussaini, Amin al-: Vorwort. In: Hamui, Mamun Al-: Die britische Palästina-Politik, Berlin 1943, S. 9-10

Ibn Marwan, Ps. für Ḥamza

Ibn Ṣāliḥ, Muḥammad

Scherife von Benghazi.

Artikel

Ben Salih, Mohamed: Résume des travaux... (s. Šarīf at-Tūnisī)

Ibrahim Bey, Ps. für Rifʿat

ʿInānī, ʿAlī Aḥmad al- (1881 o. 1886-1940)

Ägypter, Philologe, Studium am Dār al-ʿUlūm in Kairo, 1910 nach Deutschland, ab 1911 Studium der semitischen Sprachen in Berlin, 1918 Promotion „Beurteilung der Bilderfrage im Islam nach der Ansicht eines Muslim"; Mitarbeiter der „Nachrichtenstelle für den Orient", Anhänger der ägyptischen Nationalpartei, 1920 mit Sālim ʿAbd al-Maǧīd Gründung der akademischen "Ǧamʿiyāt iḫwān an-nahḍa"; im selben Jahr Rückkehr nach Ägypten, Hochschullehrer und Beamter im Bildungswesen.

Bücher

ʿInānī al-Miṣrī, ʿAlī al-: al-Ḥarb al-ʿāmma fī ʿāmihā al-awwal, Berlin 1915, 52 S. (1: Krieg 1914-26407/a; 29: H00/HIST.B 2934)
– al-Ḥayāt al-iqtiṣādīya al-almānīya aṯnā'a'l-ḥarb al-ḥāḍira, Berlin 1915, 72 S. (1: Krieg 1914-26400a)

Artikel

Enani, A.: Beurteilung der Bilderfrage im Islam nach der Ansicht eines Muslim. In: Mitteilungen des Seminars für Orientalische Sprache. Westasiatische Abteilung, 22 (1919), S. 1-40

الحرب العامة

فى عامها الأول

لكاتبها على العنانى المصرى

* * *

والحرب صاحبها الرزين || على تلاتلها العزوم
من لا يمل ضراسها || ولدى الحقيقة لا يخيم

Islamische Gemeinde zu Berlin

Organisationsstatut der Islamischen Gemeinde zu Berlin, Berlin 1922, 16 S. (1a: Um 2379/70; 11: Theol. 8966)

Kailānī, Rašīd ʿĀlī al- (1892-1965)

Iraker, Jurist und Politiker; seit 1924 mehrmals Minister, 1931 Mitbegründer der Partei der nationalen Brüderlichkeit, 1933 und 1940 Ministerpräsident, 1941 durch Putsch erneut Regierungschef, unternahm er mit deutscher Hilfe eine mißlungene Militäraktion gegen Großbritannien, danach Exil in Iran, Italien und Deutschland; zeitweilige Zusammenarbeit mit der Achse in Konkurrenz mit Amīn al-Ḥusainī. 1945 nach Ägypten und Saudiarabien, 1958 Rückkehr in den Irak, starb in Beirut. (BIO: Renate Dietrich, Rašīd ʿĀlī al-Kailānī in Berlin - ein irakischer Nationalist in NS-Deutschland. In: Peter Heine (Hg.), Al-Rafidayn. Jahrbuch zu Geschichte und Kultur des modernen Iraq. Bd 3, Würzburg 1995, S.47-79)

Broschüren, Flugschriften

Kailānī, Rašīd ʿĀlī al-: Ḫiṭāb ḥadrat ṣāḥib al-faḫāma as-sayyid Rašīd ʿĀlī al-Kailānī ra'īs al-wizāra al-ʿirāqīya bi-munāsabat aḏ-ḏikrā aṯ-ṯālita li-waṯbat al-ʿIrāq al-kubrā, aṯ-ṯulaṯā' 2 ayyār 1944, 8 S. (Nationalbibliothek Prag: 22 J 4518)

Artikel

Gailani, Raschid Ali el-: Der Irak als Vorkämpfer für die Befreiung aller Araber. In: Wille und Macht, 10 (1942) 8, S. 7-11

Gailani: Englands Niederlage ist unser Sieg. In: Leipziger Neueste Nachrichten, 8.9.1942, Ausgabe A

Kailānī, Rašīd ʿĀlī al-: Ḫiṭāb faḫāmat Rašīd ʿĀlī al-Kailānī ḥaula iʿlān al-ʿIrāq al-ḥarb. In: BS, 5 (1943) 46, S. 11-14

Ghailani, Raschid Ali El-: Geleitwort. In: Abu Raad, Blut und Öl. Englands Verrat am Irak, Dresden 1944

Kemal-Eddin s. Ǧalāl

Rašīd ʿĀlī al-Kailānī

Kāmil, Muṣṭafā (1874-1908)

Ägypter, Journalist und Politiker, Studium an der Madrasat al-ḥuqūq und der Ecole de Droit in Kairo sowie in Paris und Toulouse, seit 1893 Europareisen, 1896, 1897, 1904 und 1905 kurzzeitig in Deutschland; 1907 Gründer und Vorsitzender der ägyptischen Nationalpartei.
(BIO: Moustafa Kamel Pacha, Lettres égyptiennes françaises adressées à Mme Juliette Adam 1895-1908, Kairo 1909; ar-Rāfiʿī, ʿAbd ar-Raḥmān, Muṣṭafā Kāmil bāʿiṯ al-ḥaraka al-waṭanīya, Kairo 1950; Fritz Steppat, Nationalismus und Islam bei Mustafa Kamil. Ein Beitrag zur Ideengeschichte der ägyptischen Nationalbewegung. In: WI, 4 (1956), S. 241-341)

Artikel

Kamel, Mustafa: Egypten und England. In: Die Post, 17.10.1896, 2. Beilage
Kamil, Mustafa: Zur egyptischen Frage. In: Die Post, 9.4.1897, 2. Beilage
Kamel, Mustapha: Bei Mustapha Kamel Pascha. Ein Interview. In: Berliner Tageblatt, 4.10.1904, Morgen-Ausgabe
Kamel, Moustafa: Kaiser Wilhelm II. und der Islam. In: Berliner Tageblatt, 23.10.1905

Kannūna, ʿAbd al-Karīm (1913-?)

Iraker, 1935-1939 Studium der Erziehungswissenschaft und der Philosophie in Berlin, Bonn und Jena, 1939/40 in Zürich, dort 1940 Promotion „Muhammed als Erzieher der Araber".

Bücher

Kannuna, A. Karim: Muhammed als Erzieher der Araber. Zürich: A.-G. Fachschriften-Verlag & Buchdruckerei 1940, 73 S. (1a: Um 1181/950; 25/29: p Frei 29: RB/ba/4000; 46: a rel 510.5-0/875 EXE:01; 352: D 75/3154; 361: EQ350 K16(148))

Artikel

Kannuna, Abdu'l-Karim: Lebensform und Führung bei den Arabern. In: Arbeitsgemeinschaft über arabische Lebensfragen an der Friedrich-Schiller-Universität. Bericht über die erste Vortragsreihe im Sommer-Semester 1939, Jena o.J., S.24-26

Khemiri, s. Ḫamīrī

Muṣṭafā Kāmil

Nr. 540. XXXIV. Jahrgang — Montags-Ausgabe — Berlin, 23. Oktober 1905

Berliner Tageblatt

mit „Zeitgeist“

Kaiser Wilhelm II. und der Islam.

Von

Moustafa Kamel Pascha.*)

Die Idee einer Allianz zwischen einer europäischen Macht und der muselmanischen Welt hat schon vor Zeiten sehr große Geister beschäftigt. Ohne Zweifel ist es leicht zu verstehen, daß dreihundert Millionen Menschen, die von demselben Gefühl und dem gleichen Glauben geleitet werden, einen mächtigen Hebel in der Welt bedeuten. Napoleon I. hat sein ganzes Leben lang mit dem Traum gespielt, „Kaiser der Muselmanen“ zu werden, und in seinem Exil war nach einer so großen Vergangenheit sein größter Schmerz, daß er sich nicht zum Islam bekehrt hatte und nicht Sultan von Egypten, sowie Herr Arabiens und Syriens geworden war.

Ich glaube mich nicht zu täuschen, wenn ich sage, daß auch Kaiser Wilhelm II. oft an diese muselmanische Macht gedacht hat, die über die ganze Erde zerstreut ist, und die eines Tages ein gewichtiger Faktor auf dem Erdball zu werden vermöchte. Er hat sie besucht, er hat ihr seine Sympathie bewiesen und hat nicht gezögert, denen Ehren zu bezeigen, die sie in der Vergangenheit beherrscht haben, wie Sultan Saladin.

Die Völker des Islam, von Tanger bis Peking, haben alle mit Interesse das Tun und Lassen Kaiser Wilhelms verfolgt. Sie haben sich gefragt, ob es möglich sei, daß in einer Zeit, wo sich in einem „verkleideten Kreuzzug“ die Christen einander selber auffressen, ein christlicher Kaiser der Freund und Gönner des Islam werden könne. Die Muselmanen, die von Europa soviel Schlimmes erfahren haben, zögerten daher aus begreiflichen Gründen, an die Freundschaft zu glauben, die ihnen von den Deutschen entgegengebracht ward.

Aber trotz dieser Zweifel empfanden sie eine tiefe und aufrichtige Dankbarkeit gegen Kaiser Wilhelm für seine Haltung während der armenischen Krisis. Sie wissen, daß bei dieser Gelegenheit England den Schaden, Kaiser Wilhelm das Wohl des ottomanischen Reiches wollte. Der Besuch des Kaisers in Palästina, seine Erklärung, daß er immer der Freund der Muselmänner sein wird, die sich um das Banner des Khalifen scharen, und die Sympathien, die er dem Islam bezeigt hat, haben in allen Ländern, in denen es Moscheen gibt, einen lebhaften Widerhall gefunden.

Die letzte Reise des Kaisers nach Tanger und seine berühmte Rede, in der er die Unabhängigkeit und Integrität Marokkos proklamierte, sind noch immer der Lieblingsgegenstand der Unterhaltung islamitischer Kreise. Der englisch-französische Vertrag ist überall als die Einleitung der Besitzergreifung Egyptens durch England und Marokkos durch Frankreich aufgefaßt worden. Die kaiserliche Erklärung, daß Marokko unabhängig und Herr seines Schicksals bleiben solle, wurde allenthalben mit einer wohl begreiflichen Freude aufgenommen. Wir erkennen an, daß Marokko aus der gegenwärtigen Situation großen Nutzen ziehen kann, um sich aufzuraffen und die Gefahr zu beschwören, die ihm droht, und daß, wenn es jemals seine Unabhängigkeit verlieren sollte, dies fortan seine eigene Schuld wäre.

Da Deutschland keine muselmanischen Kolonien von Bedeutung hat und seinen Sinn nur auf wirtschaftliche und kommerzielle Ausbreitung richtet, so ist es besser als andere Mächte in der Lage, mit der muselmanischen Welt freundschaftliche Beziehungen zu pflegen.

* * *

Aber es gibt eine Frage, die den „germano-islamitischen“ Beziehungen in hohem Grade im Wege steht, und ohne deren Lösung eine Freundschaft zwischen Deutschland und dem Islam schlechterdings unmöglich ist: die egyptische Frage. Deutschland hat zu lange die Idee genährt, daß es die Okkupation Egyptens durch die Engländer nicht verhindern könne, und zwar aus Gründen, die verschieden gedeutet wurden. Die einen, und zwar die meisten, sagten, Deutschland habe, indem es die Besetzung Egyptens billigte, eine Verständigung zwischen Frankreich und England unmöglich machen wollen. Aber ein solcher Calcul ist zu kleinlich gegenüber der außerordentlichen und unvergleichlichen Bedeutung der egyptischen Frage. Anstatt der Zankapfel zwischen Frankreich und England zu sein, konnte sie — und sie kann es noch — die Brücke werden, die man so gern über den Abgrund zu schlagen möchte, der Frankreich und Deutschland trennt. Mindestens kann sie eine Verständigung zwischen den beiden Ländern herbeiführen, und eine größere Herzlichkeit in ihren gegenseitigen Beziehungen.

Von dem Augenblick an, wo die französische Politik sich dazu entschloß, Kriegsschiffe nach Kiel zu schicken und der deutschen Politik die Hand zu reichen, seit dem Jahre 1895 liegt es in der Natur der Sache, daß Deutschland und Frankreich zu einer Verständigung betreffs der egyptischen Frage gelangen.

Ich bin für meine Person davon überzeugt, daß Deutschland eine einzige Gelegenheit versäumt hat, in der es eine Annäherung an Frankreich hätte herbeiführen können: das war während der Faschoda-Affäre. Wenn Deutschland damals erklärt hätte, daß es die Handlungsweise Englands nicht gutheiße, daß es Frankreich unterstütze und daß es an Europa appelliere, die Nilfrage anzuschneiden, so wäre der Versuch einer deutsch-französischen Annäherung auf fruchtbaren Boden gefallen, und der französisch-englische Akkord wäre niemals zustande gekommen. Denn England vergißt nicht und verzeiht nicht.

Ja, wenn Kaiser Wilhelm sich ebenso nach Alexandrien begeben hätte wie soeben nach Tanger, so wäre die internationale Lage heute eine wesentlich andere, als sie es tatsächlich ist. England wäre geschwächt, und die Freundschaft der muselmanischen Welt gehörte für alle Zeiten Deutschland und seinem Kaiser.

Leider aber war die deutsche Politik den Engländern in Egypten zu günstig. Sie konnte noch im letzten Jahre dem finanziellen Teile des Egypten betreffenden Vertrages ihre Zustimmung versagen. Sie konnte es, aber sie wollte nicht. . . . Warum?

Man sieht, in welcher Weise England Deutschland für seine damalige Haltung dankbar ist. . . Am liebsten möchte es ihm in einem Kriege seine Dankbarkeit beweisen. . . .

Wenn Europa bisweilen durch die „gelbe Gefahr“ beunruhigt wurde, so ist es Zeit, jetzt einmal an die englische Gefahr zu denken. Denn das ist eine wirkliche Gefahr, die in gleicher Weise alle Mächte bedroht. Die Okkupation Egyptens durch die Engländer ist nicht eine einfache Frage der Besitzergreifung fremden Gebietes, sondern ein internationales Problem, das die ganze Welt angeht.

Der letzte Zwischenfall mit dem englischen Schiff „Chatham“, das mehrere Tage lang den Verkehr im Suez-Kanal zum Stocken brachte, hat alle beteiligten Länder mit Sorge erfüllt und hat die Diplomaten daran erinnert, was England tun würde, wenn eines Tages ein europäischer Krieg ausbräche.

Abgesehen von der Kanalfrage, darf Deutschland nicht vergessen, daß die Gegenwart der Engländer in Egypten eine große Gefahr für den ganzen Islam und besonders für die Türkei ist. Nachdem sie sich erst einmal in Suakim festgesetzt haben, ist es ihnen ein Leichtes, Djedda anzugreifen und es zu besetzen. Ganz Arabien ist so der Gnade und Ungnade des englischen Ehrgeizes ausgesetzt.

England, das Napoleon gehaßt hat, hat dennoch viel von seinem Ehrgeiz und seinen Ideen gelernt. Er arbeitete, während er in Egypten war, daran, das türkische Sultanat von dem Chalifat zu trennen, und spielte immer Mekka gegen Konstantinopel aus. Die Engländer haben denselben Plan, und ihre Intrigen sind in der ganzen Welt bekannt. Jetzt scheitern diese, aber bei der ersten besten Gelegenheit werden sie wieder aufgenommen werden. Ihre Anwesenheit in Egypten verleitet sie dazu, diesen Plan zu realisieren.

Was sollte aus der Türkei werden, wenn die Engländer je dazu gelangten, ihr Ziel zu erreichen! Und welcher allgemeine Umsturz in der Welt! Und welche fürchterliche Macht!

Kann Deutschland eine solche Frage vernachlässigen und ein so ernstes und so wichtiges Problem ignorieren? Kann es der Freund der Türkei sein und gleichzeitig zulassen, daß England die Macht des Sultans über den Islam untergräbt? Kann Deutschland Anspruch auf die Freundschaft des Islams machen, wenn es Egypten preisgibt und England erlaubt, daß es die oberste Gewalt über die Gesamtheit der Muselmanen an sich reißt?

Bisher hat noch jeder Beherrscher Egyptens, wenn er stark war, den Wunsch in sich gefühlt, von Arabien und Syrien Besitz zu ergreifen. Das Beispiel Napoleons und Mehemmed Alis ist für uns lehrreich. Was würde die Christenheit tun, wenn England eines Tages Jerusalem in Besitz nähme? In

*) Wir geben im vorstehenden den ehrlichen Ausdruck wieder der Ueberzeugungen eines egyptischen Politikers, der, wie Moustafa Kamel Pascha seit langen Jahren in der ersten Reihe der Kämpfer steht, wenn es sich darum handelt, die Unabhängigkeit seines Vaterlandes gegen die immer weiter um sich greifenden Aufsaugungs- und Bedrückungspläne der Engländer zu verteidigen. Bei allem idealen Ueberschwang seines begreiflicherweise hoch erregten Patriotismus wird der europäische Leser doch aus den Ausführungen des Paschas leicht erkennen, daß es sich hier um die Gedankengänge eines durch nichts zu beirrenden Realpolitikers handelt. Moustafa Kamel Pascha, dem es gelungen ist, trotz aller Erschwernisse, die ihm von den Engländern bereitet wurden, die größte in arabischer Sprache erscheinende Zeitung von Kairo ins Leben zu rufen, um so seinen Landsleuten ein nie versiegendes Sprachrohr zu schaffen, hat der egyptischen Unabhängigkeitspartei bereits eine Waffe geschmiedet, die mit Gewalt zu zerbrechen die Engländer heute nicht mehr wagen dürfen. Die Deutschfreundlichkeit der Gesinnung Moustafa Kamels unterliegt keinem Zweifel, und seine Feder ist aus diesem Grunde dem englischen Satrapen in Kairo nur um so verhaßter. Alle diese Erwägungen sind es, die uns veranlaßten, dem patriotischen Pascha an dieser Stelle zum Wort zu verhelfen, damit man auch an den Ufern der Themse erfahre, daß der egyptische Publizist nicht nur ein Prediger in der Wüste ist. Die Red. des B. T.)

Kirām, Ḏakī Ḥišmat Mīrzā (1886-?)

Syrer, Offizier im osmanischen Heer; 1916 schwerverwundet nach Berlin, ab 1919 Studium der Zahnheilkunde, 1923 Promotion „Zahn- und Mundpflege bei den mohammedanischen Völkern"; 1919 mit seiner Frau Gertrud Gründung des Morgen- und Abendland-Verlages in Berlin, 1939/40 Übersetzer im Auswärtigen Amt; 1924/25 Vorsitzender der „Arabischen Vereinigung", 1925 „Delegierter der syrischen Unabhängigkeitsparteien in Amerika" zum Syrisch-palästinensischen Kongreß in Genf, 1932 Mitglied des Vorstands des „Islamischen Weltkongresses, Zweigstelle Berlin".

Bücher

Kiram, Zaki H.: Mund- und Zahnpflege bei den mohammedanischen Völkern. Berlin: Morgen- und Abendlandverlag 1923, 20 S. (1a: K 1803/95; 12: H.lit.p.413 lif-1922/23)

Kiram, Daki Hismat: Qamus at-tasrih latini-'arabi. Vocabularium anatomiae latinearabice. Berlin: Morgen- und Abendland-Verlag 1923, 84 S. (11: Je 37540; 12: A.or. 1239 s., A.or. 5915)

Artikel

Kirām, Zakī: Man atazawwiǧ? Aǧnabīya am waṭanīya? In: al-Ḥamāma, (1924) 2, S. 43-45

Khiram, Zeki: Der syrische Freiheitskampf. In: Viktor Otte (Hg.), Die unterdrückten Völker der Welt. Gegen Lüge und Gewalt, Wien 1926, S. 12-20 (Nachdruck Nendeln 1978)

Kiram, Zeki: Ein Moslem ueber das neue Deutschland. Hitler ist der berufene Mann. In: MR, 14 (1938) 2, S. 59-60

Labīb, Ismā'īl (1869-1930)

Ägypter, Offizier, Bruder Manṣūr Muṣṭafā Rif'ats; Funktionär der ägyptischen Nationalpartei, während des Ersten Weltkrieges in der Schweiz, 1921 Gründer der „Vereinigung Freier Nil" in Berlin; 1922 Rückkehr nach Ägypten.

Broschüren

Labib, Ismail: La situation de l'Egypte. Réponse à M. J. S. Willmore. Genf: Imprimerie Nationale 1918, 62 S. (30: S 17/2921; 12: 8 H. Un. App.845/u?)

Artikel

Labib, Ismail: England und Aegypten. In: Deutsche Zeitung, 5.3.1921, Morgen-Ausgabe

– Die Wahrheit über die letzten Unruhen in Aegypten. In: Deutsche Zeitung, 1.6.1921, Abendausgabe

Labīb, Ismā'īl: Ḫiṭābat Ismā'īl Labīb Bīk/Salīm 'Abd al-Mağīd. In: AS, 1 (1922) 12, S. 2-3
Labib, Ismail: Eröffnungsrede des Herrn Ismail Labib Bey (Feier des 3.Jahrestages der ägyptischen Revolution). In: Liwa-el-Islam, 2 (1922) 3-6, S. 10-12

Masri Mohager, Ps. für Rif'at

Maṭar, Aḥmad Ḥasan (1904-1984)

Sudanese, Postbeamter, Journalist; verließ 1923 den Sudan, nach Reisen durch Nordafrika und Südamerika 1925-1928 in Deutschland als Korrespondent einer brasilianischen Zeitung, im Auftrag 'Abd al-Krīms Zusammenarbeit mit der Internationalen Arbeiterhilfe (IAH) und der „Liga gegen koloniale Unterdrückung", 1927 Teilnahme am Kongreß der Liga in Brüssel, anschließend Propagandareise für die IAH durch Deutschland. Nach der Unabhängigkeit des Sudan dort Regierungsbeamter.
(BIO: Aḥmad Ḥasan Maṭar, Sindbād min as-Sūdān, Khartum 1986)

Artikel

Mattar, A.H.: Memorandum der Rifkabylen an den Völkerbund. In: Der Koloniale Freiheitskampf, (1926) 1
Mattar, Achmed Hassan: Abd el Krim und Europa. In: MBAK, 8 (1926) 4, S. 31
Mattar, Hassan Achmed: Hassan Achmed Mattar über die deutsche IAH. In: Der Mahnruf, Berlin (1927) 11, S. 3

Mis(s)ri, A. al- (Ps. für Ṣabrī?)

Artikel

Almissri, A.: Ägypten und das Trugbild der Unabhängigkeit. In: Viktor Otte (Hg.), Die unterdrückten Völker der Welt. Gegen Lüge und Gewalt, Wien 1926, S. 50-54 (Nachdruck Nendeln 1978)

Mitwallī, 'Abd al-Ġaffār

Ägypter, ab 1920 Medizinstudium in Berlin, 1923 Promotion „Ein Fall von Sympus (Sirenenbildung)"; 1922 Vorsitzender der deutschen Sektion der ägyptischen Nationalpartei, 1922/23 Herausgeber der „Aegyptischen Korrespondenz. Organ der ägyptischen Nationalpartei in Deutschland".

Artikel

Metwalli, Abdel Ghaffar: Feier im Orient-Klub zum Gedächtnis an das am 11.Juli 1882 stattgefundene Bombardement. Ansprache des Herrn Dr.med.Abdel Ghaffar Metwalli. In: AK, 3 (1923) 6-7, S. 194-196

Mohadjer, Al-, Ps. für Rifʿat

Mudarrī, Mūsā (1916-?)

Syrer, 1936 nach Deutschland, 1937-1940 Medizinstudium in Jena, 1940-1942 in Wien, dort 1943 Promotion „Das Ergebnis einer statistischen Zusammenstellung über die Lokalisation von extragenitalen Metastasen beim Uteruscollumcarcinom"; 1942 Gründungsmitglied der „Islamischen Gemeinschaft zu Wien".

Artikel

Mudarri, Mussa (mit Hamza Choueki): Syrien. In: Arbeitsgemeinschaft über arabische Lebensfragen an der Friedrich-Schiller- Universität. Bericht über die erste Vortragsreihe im Sommer-Semester 1939, Jena o.J., S. 31-33

Muḥarram, Maḥmūd Labīb (?-1913)

Ägypter, Arzt; Mitbegründer der ägyptischen Nationalpartei; Datum der Emigration nach Deutschland unbekannt, 1911 Gründer der „Arabischen Vereinigung" (Arabischer Bund) in Berlin, 1913 Selbstmord.
(Nachruf von Muḥammad Farīd in: The African Times and Orient Review, London 2 (1913) 17-18, S. 225)

Artikel

Moharrem Bey: Die Bedeutung des Bagdadbahn-Abkommens. In: Münchner Neueste Nachrichten, 1.5.1911
– Ein Kulturkampf in Ägypten? In: Der Tag, 14.5.1911
Moharrem: Die Friedensgerüchte. In: Dresdner Anzeiger, 21.1.1912
Moharrem, M.L.: Die „Fehler und Sünden" der jungen Türkei. In: Vossische Zeitung, 7.9.1912, 2. Beilage

Nāṣif, ʿIṣām ad-Dīn Ḥifnī (1899-1969)

Ägypter, 1920 nach Deutschland, Studium am Deutschen Institut für Ausländer und an der Landwirtschaftlichen Hochschule in Berlin; Mitglied des Wafd, 1922 Anschluß an die deutsche Sektion der ägyptischen Nationalpartei; 1924 Rückkehr nach Ägypten; 1927 Sekretär des Vorbereitungskomitees für die Gründung einer sozialistischen Partei, 1930 mit ʿAbd al-Fattāḥ Muḥammad al-Qāḍī und Maḥmūd Ḥusnī al-ʿUrābī Herausgeber der Zeitschrift "Rūḥ al-ʿaṣr", 1931 Versuch, eine Ägyptische Partei der Arbeiter und Bauern zu gründen.

Artikel

Nasif, Isam Eddin: Aegypten und die englische Okkupation. In: AK, 1 (1921) 6-7, S. 55-56
Nāṣif, ʿIṣām ad-Dīn Ḥifnī: Faẓāʾiʿ al-Inkilīz fī Miṣr. In: AS, 2 (1922/23) 13, S. 2
– al-Muḥāḍara as-siyāsīya al-waṭanīya. In: AS, 2 (1922/23) 14, S. 1
– Ǧarāʾim al-Inkilīz fī Miṣr. In: AS, 2 (1922/23) 17-18, S. 9-10
– (Rede im Orient-Klub). In: AS, 2 (1922/23) 25, S. 1-2
Nassif, Isam: Elegie auf Farid Bey. Verfaßt im Gefängnis von Kairo, am Tage, wo die Todesnachricht von ihm eintraf. In: AK, 2 (1922/23) 10, S. 287-288; SO, 1 (1923) 7, S. 183-184
Nāṣif, ʿIṣām ad-Dīn Ḥifnī: ʿAudat al-Wafd ilā ad-dasāʾis. In: AS, 2 (1922/23) 28-30, S. 5-6
– (Rede im Orient-Klub). In: AS, 3 (1923/24) 31

Nāṣir, aṭ-Ṭayyib Maḥmūd (1911-?)

Ägypter, Studium der Medizin in Genf; 1942 Vorsitzender von „Misr. Société des étudiants égyptiens de l'Université de Genève", aus der Schweiz ausgewiesen, 1943 Vorsitzender der „Associazione nazionalista Misr" in Rom.

Artikel

Nāṣir, aṭ-Ṭayyib Maḥmūd: ʿĪd al-ǧihād al-waṭanī al-miṣrī. In: BS, 4 (1942) 45, S. 10-11
– Miṣr wa'l-bulšifīya. In: BS, 5 (1943) 49, S. 21-23

Naṣr, Imām (1896-?)

Ägypter, 1923-1928 Medizinstudium in Leipzig und München.

Artikel

Nasr, Imam: Allgemeine Uebersicht über die ägyptische Bewegung von 1918 bis heute. In: Der Ägyptische Herold, Leipzig (1924) 1, S. 8-9

Qāḍī, ʿAbd al-Fattāḥ Muḥammad al- (1896-?)

Ägypter, 1920 nach Deutschland, Studium am Deutschen Institut für Ausländer in Berlin, Medizinstudium in Freiburg, München und Berlin, dort 1925 Promotion „Zur Thorakoplastik bei einseitiger Lungentuberkulose"; Mitglied des Wafd, 1922 der deutschen Sektion der ägyptischen Nationalpartei, 1924 Vertreter des „Ägyptischen Bundes" in der „Vertretung Ausländischer Studierender" in Berlin; 1925 Rückkehr nach Ägypten; praktizierender Kinderarzt, 1930 zusammen mit ʿIṣām ad-

Dīn Ḥifnī Nāṣif und Maḥmūd Ḥusnī al-ʿUrābī Gründung der Zeitschrift "Rūḥ al-ʿaṣr", 1943 Mitglied der Ägyptischen Bewegung für nationale Befreiung, 1946 Gründung der Marxistischen Liga.

Artikel

Kadi, A.: Nagia Schams Eddin, Jahia El Watan (Übers.). In: AK, 1 (1921) 1, S. 8; 1 (1921) 3, S. 23f.; Der Ägyptische Herold, (1924) 1, S. 2-4; Stimmen des Orients (SO), 1 (1922) 1, S. 20-22
- Die sudanesische Frage. In: AK, 1 (1921) 2, S. 14-16
- Aegypten und die Friedensverträge. In: AK, 1 (1921) 3, S. 19-20
Kadi, A.F.M.: Ein elendes Volk. In: AK, 1 (1921) 6-7, S. 48-49
- Der politische Schauplatz in Aegypten. In: AK, 1 (1921) 11-12, S. 88-92
Kadi, A.F.M. El-: Das Urteil in dem Zwischenfall von Alexandrien. In: AK, 1 (1921) 18, S. 133-135
Kadi, A.F.M. El: Die Lösung der Aegyptischen Frage? In: AK, 2 (1922) 1-2, S. 185-189
Kadi, Abd el Fattah Mohamed el: Orientalische Männer. In: SO, 1 (1922) 4, S. 85-87
Kadi, Abdul Fattah El: Feier im Orient-Klub zum Gedächtnis an das am 11.Juli 1882 stattgefundene Bombardement. Ansprache des Herrn Abdul Fattah El Kadi. In: AK, 3 (1923) 6-7, S. 200-201
Kadi, A.F.M. el-: Die „Stimmen des Orients" und die ägyptische Frage. In: AK, 4 (1924) 1-2, S. 1-6

al-Qāḍī, Manṣūr (1890-?)

Ägypter, 1913 Studium in Neuchâtel, 1915 nach Lausanne, 1919 dort Studium der Volkswirtschaft; 1917 Herausgeber der Zeitschrift „Le Nil", 1919 Gründung der „Association égyptienne de Lausanne".

Artikel

Kadi, Mansour El-: Offener Brief der ägyptischen Vereinigung in Lausanne an den ägyptischen Ministerpräsidenten. In: AK, 1(1921)18, S.135-136
- Der Orientfriede in den Augen eines Aegypters. In: AK, 3(1923)10-11, S.260-262

Rabah, Si, Ps. für Būkabūya

Raslān, Wāṣil (1905-?)

Syrer, ab 1924 Chemiestudium, ab 1927 Medizinstudium in Berlin, 1934 Promotion „Mohammed und die Medizin nach den Ueberlieferungen"; 1924 Sekretär der „Arabischen Vereinigung", 1927 Kassenwart, 1929 Sekretär der „Vereinigung der

Arabischen Studierenden El Arabya", 1928 Mitglied der Kontrollkommission, 1929 1.Schriftführer der „Gemeinschaft Ausländischer Studierender", 1930 2.Sekretär der „Hauptgemeinschaft Ausländischer Studierender", 1932 Mitglied des Vorstands des „Islamischen Weltkongresses, Zweigstelle Berlin", 1934 Vorsitzender der „Islamischen Gemeinde zu Berlin", 1934-36 des Islam-Instituts, 1937 Sekretär der „Vereinigung Arabischer Studierender"; nach dem Irak.

Artikel

Rasslan: Die Freundschaftsverträge zwischen Syrien und Irak. In: ON, 3 (1937) 11, S. 150-151

Rifʿat, Manṣūr Muṣṭafā (Ps. Masri Mohager, Al-Mohadjer, Patrick Steel Hardy, Ibrahim Bey, 1883-192?)

Ägypter, Medizinstudium in Beirut und Philadelphia, 1908 Arzt in Kairo; 1909 politischer Leiter der Zeitung "al-Liwā'„, des Organs der ägyptischen Nationalpartei, Emigration nach Paris, 1913 nach Genf; 1914 Vorsitzender des „Club des patriotes égyptiennes" und Herausgeber der Blätter „La Patrie Egyptienne" und „al-Qiṣāṣ", 1915 nach Berlin, Mitarbeiter der „Nachrichtenstelle für den Orient", 1918 Gründer und Vorsitzender der Ägyptischen National-Radikalen Partei (später Gruppe), 1925 aus Deutschland ausgewiesen; nach Österreich, wo sich seine Spur bald verliert.
(BIO: Gerhard Höpp, Zwischen allen Fronten. Der ägyptische Nationalist Manṣūr Muṣṭafā Rifʿat (1883-1926) in Deutschland. In: Waǧīh ʿAbd aṣ-Ṣādiq ʿAtīq/Wolfgang Schwanitz (Hg.), Aʿmāl nadwat Miṣr wa Almāniyā fī'l-qarnain at-tāsiʿ ʿašar wa'l-ʿišrīn fī ḍauʿ al-waṯā'iq, Kairo 1998, S. 53-64 und 263-273)

Bücher, Broschüren, Flugschriften

Mohager, Masri: Abbas II intime. Dix-huit ans de duplicité, o.O., (nach 1911), 28 S. (1a: Ur 9401/20)
Rifat, M.M.: Le problème de l'Ulster/ The Problem of Ulster, Genf: Pfeffer (1914), 46 S. (Bibliothèque publique et universitaire de Genève: AG broch. 51)
– The Problem of Ulster, Genf 1914, 46 S. (361: CA070 G996/169)
Rifat, Mansur M.: Lettre ouvert à Monsieur Albert Bonnard, red. en chef du 'Journal de Genève', Genf: Pfeffer 1914, 11 S. (1a: Ui 5535/3)
– Ceux qui poussent à la guerre..., Genf: Edouard Pfeffer 1914, 24 S. (Schweizerische Landesbibliothek Bern: N 14180/24)
Rifat, M.M.: Lest We Forget... A Page from the History of the English in Egypt, o.O. 1915, 4 S. (1: Krieg 1914-4645; 101: 1915 C 798; 7: 8 H AFR 1180/a EXE:01)
– Dito, Berlin 1915 (101: 1928 A 13840)
Rifʿat, Manṣūr Muṣṭafā: Ṣaḥīfa min tārīḫ Inǧiltirrā fī Miṣr, o.O. 1915, 8 S. (1: Krieg 1914-4268a/7; 101: 1915 C 798/angeb.)
Rifat, M.M.: Un verdict sur l'Angleterre. 1882 - deux dates - et 1914. L'Egypte et la Belgique, Berlin 1915, 16 S. (101: 1915 B 8641, 8642)
– Dito. 2.Aufl. (1: Krieg 1914-4268(2))

– Ein Wahrspruch über England. 1882 - zwei Daten - 1914. Ägypten & Belgien. Aus dem französischen Urtext mit Genehmigung des Verfassers übersetzt von Fräul. stud.phil. Chr. Wunderlich, Berlin 1915, 16 S. (1: Krieg 1914-4268/3; 101: 1916 B 429; 7: 8 H AFR 1180/e EXE:01)
– Dito. 2. erw. Aufl., Basel: Ernst Finckh 1918, 22 S. (1: Krieg 1914-4268/5; 11: Gesch.17816/2; 7: 8 H AFR 1180/ea EXE:01)
– Damaging Evidence against English Hypocrisy. Two Dates 1882-1914. Egypt and Belgium, Berlin 1915, 16 S. (1a: Ur 9405/17; 101: 1915 B 7282, 1920 A 7278; 7: 8 H AFR 1177/d EXE:01)
Rifᶜat, Manṣūr Muṣṭafā: Muqārana baina Miṣr wa'l-Balǧīk. Taṣrīḥāt Inklitrā ᶜām 1882/1914 m., Berlin 1915, 18 S. (1: Krieg 1914-4268/7; B 2138: 51/1655; 7: 8 H AFR 1180/eb EXE:01)
Rifᶜat, M.M.: Taṣrīhāt-i rasmī dar ḥaqq-i Inglīs. 1882 - dū tāriḫ - 1914. Miṣr wa Balžīk, Berlin 1915, 16 S. (1: Krieg 1914-4268/6; 7: 8 H AFR 1180/ec EXE:01)
Rifat, Mansur Mustafa: Come l'Inghilterra da 35 anni assicura ufficialmente la „temporanea" occupazione dell'Egitto, o.O. (1915), 12 S. (7: 8 H AFR 1181/a EXE:01; 12: 8 H.Un.App. 429/z)
– Chronologie de documents officiels anglais dès la mainmise de l'Angleterre sur l'Egypte, en 1882, jusqu'à l'annexion définitive, Amsterdam 1915, 16 S. (7: 8 H AFR 1180/c EXE:01)
– Cronologia de los documentos oficiales ingleses en Egipto desde 1882 hasta la aneccion definitiva de dicho pais, Amsterdam 1915, 8 S. (1: Krieg 1914-4268/4; 7: 8 H AFR 1180/cc EXE:01)
– Cronologia dos documentos oficiaes inglezes desde a mao posta sobre o Egito em 1882 ate a sua anexao difinitiva, Amsterdam 1915, 11 S. (1: Krieg 1914-4268/2; 7: 8 H AFR 1180/cb EXE:01)
Rifat', M.M.: Stojnost'ta na anglijskit' ob'ščanija. Pric'neni spored' oficialnit' deklaracii, napraveni na egipetskija narod', Bukarest 1915, 15 S. (12: 8 H.Un.App.1038/e)
Rifat, Mansur Mustafa: Die Knechtung Aegyptens. Belastende Dokumente für englische Heuchelei. Berlin: Karl Curtius 1915, 31 S. (101: 1915 B 10844; 7: 8 H AFR 1180/d EXE:01)
Rifᶜat, Manṣūr Muṣṭafā: al-Hind wa Inǧiltirrā azā'a'l-ḥarb al-ḥāḍira. Kaifa yuzayyifūna al-aḫbār, Berlin 1915, 16 S. (B 2138: 51/1654)
Rifat, M.: Entgegnung und Protest! Triumph des Nationalismus in Ägypten, Berlin 1916
Rifat, M.M.: Zur Erinnerung an die ägyptischen Märtyrer. Der 14 September 1882 in unserer nationalen Bewegung, Berlin 1918, 4 S. (12: 8 H.Un.App.65/i; Bundesarchiv Berlin: Stellv. d. Reichskanzlers, Nr.45064, Bl. 16-17)
Hardy, Patrick Steel: Thirty-five Years of British Rule in Egypt. Lausanne: Librairie Nouvelle 1918, 133 S. (1a: Ur 9649)
Ibrahim Bey: Trente-cinq ans de domination britannique en Egypte. Lausanne: Imprimerie Nouvelle 1919, 131 S. (1a: Ur 9406)
Mohadjer, Al-: Die Jüdische Gefahr für die Centralmächte und die Türkei. Stockholm: Druckerei „Progress" 1917, 4 S. (Königliche Bibliothek Stockholm: 25 A e c B)

– Zwischen Christen und Juden. Von einem Mohamedaner. Stockholm: The League of Truth 1918, 38 S. (101: 1934 A 12769)

Rifat, Mansur: Ist ein Verständigungs-Frieden vereinbar mit Deutschlands Würde, Größe und Opfer? Rohstoffe. Der sicherste Weg zu deren unerschöpflichen Hauptquellen. Die Lösung der ägyptischen Frage. Berlin: Linden-Druckerei und Verlagsgesellschaft 1918, 15 S. (Bundesarchiv Berlin: Stellv. d. Reichskanzlers, Nr 45064, Bl.10)

– Das Geheimnis der Ermordung Talaat Paschas. Ein Schlüssel für das englische Propagandasystem. Berlin: Morgen- und Abendland-Verlag 1921, 98 S. (1a: Ui 5560; 11: Gesch. 19651; 101: 1921 A 6323)

– Talaat Paschas Prozeß, sein Verlauf und sein Ende. Ein letztes Wort zur armenischen Frage. Nachtrag zu der Broschüre „Das Geheimnis der Ermordung Talat Paschas". Berlin: Morgen- und Abendland-Verlag 1921, 60 S. (1: Ui 5561; 11: Gesch. 19651; 101: 1923 A 6440)

– Der Patriotismus bei den Ägyptern. Berlin: Buchdruckerei Silesia 1923, 15 S. (= AK, 3 (1923) 5, S. 135-40) (1a: Ur 9421; 11: Gesch. 19930; 101: 1923 A 6451)

— Enthüllungen über die inneren Verhältnisse Ägyptens. 5 Briefe betr. die bevorstehenden ägyptischen „Wahlen". Ausgetauscht zwischen Prinz Aziz Hassan und Dr.Mansur Rifat. Berlin: Morgen- und Abendlandverlag 1923, 32 S. (11: Gesch. 20516; 101: 1923 A 6492)

Rifat, Mansour: Révélations relative à la situation intérieure de l'Egypte. 5 Letres (sic!) sur les „élecons" (sic!) imminentes. Echangées entre le Prince Aziz Hassan et le Dr.Mansour Rifat. Berlin: Morgen- und Abendlandverlag 1923 (Bibliothèque publique et universitaire de Genève: Broch.1221/13)

Rifat, Mansur: Die Ahmadia-Sekte. Ein Vorkämpfer für den englischen Imperialismus. Belastende Dokumente für ihre Falschheit und Heuchelei. Berlin: Morgen- und Abendland-Verlag 1923, 24 S. (1a: Um 2379/110; 11: Zu 88690; 101: 1924 A 5431)

– The Ahmadia Sect, Vanguard of British Imperialism and the Greatest Danger to Islam. Convincing Evidence of their Duplicity. Berlin: Morgen- und Abendland-Verlag 1923, 24 S. (1a: Um 2379/111; 11: Zu 88689)

– Der Verrat der Ahmadis an Heimat und Religion. Ein Anhang zu der Schrift „Die Ahmadia-Sekte" ein Vorkämpfer für den englischen Imperialismus. Berlin. Morgen- und Abendland-Verlag 1923, 12 S. (1a: Um 2379/111-2; 11: Zu 88690; 101: 1924 A 5432)

– Ahmadi's Betrayal of Country and Religion. A Supplement to the Pamphlet „The Ahmadia Sect" Vanguard of British Imperialism and the Greatest Danger to Islam. Berlin: Morgen- und Abendland-Verlag 1923, 12 S. (1a: Um 2379/110-2; 11: Zu 88690)

– Die Verschwörung der Kemalisten gegen den Islam. Die wahre Bedeutung des Khalifats. Erklärung der „Shura" und Vertreter anderer organisierter Körperschaften. Berlin: Morgen- und Abendland-Verlag 1924, 15 S. (11: Gesch. 20789)

– Die Ahmadia-Agenten. Ein Rätsel. Werden sie tatsächlich von den deutschen Behörden unterstützt und beschützt? Berlin: Aegyptische national-radikale Gruppe 1924, 8 S. (1: Ur 27/65)

Manṣūr Muṣṭafā Rifʿat

Der Patriotismus bei den Ägyptern

von Dr. Mansur Rifat

Vorsitzender des Patrioten-Club von Aegypten (früher in Genf) und Herausgeber der Zeitung „La Patrie Egyptienne".

Berlin, Juni 1923.

Diese Bewegung ist abwechselnd dargestellt worden als deutschfreundlich, türkenfreundlich, panislamitisch, gegen die Fremden gerichtet, bolschewistisch und dergleichen mehr! Ach! Wenn man von einer ausschließlich patriotischen Bewegung zu dem Zwecke, die Unabhängigkeit des Landes zu erlangen, sagen könnte, — wenn man von einer solchen Bewegung, ohne das Gewissen und den gesunden Menschenverstand zu verletzen, sagen könnte, daß man die Wahrheit gesprochen hat, dann muß man sagen: Die ägyptische Bewegung ist ausschließlich ägyptisch, und sie trägt nur diesen Charakter, und diesen Charakter allein.

Aegypten kann und will keine Fremdherrschaft annehmen Und weshalb sollte es dieselbe annehmen? Und unter welchen Vorwänden wagt man es sie ihm aufzuerlegen?

Alle Aegypter haben nur noch ein gemeinsames Bekenntnis, eine gemeinsame Religion: nämlich das Vaterland.

Prof. Wassif Boutros Ghali Bey.

INHALT:

Der Patriotismus bei den Aegyptern. - Ein Aegyptischer Kongress in Berlin. — Aegyptens neue Verfassung. — Wer ist Zagloul?

Diese Broschüre erscheint unentgeltlich.

Die Uebersendung erfolgt gratis an alle Personen die den Wunsch ausdrücken sie zu beziehen. Man wende sich an den Orientalischen Klub, Berlin W 62, Kalkreuthstrasse 11.

Der Verfasser.

Druck: Buchdruckerei „Silesia", Berlin NO 55, Marienburger Straße 28.

– Vollständiger Zusammenbruch der Ahmadia-Sekte. Weitere Beweise für ihre Tätigkeit als englische Agenten. Berlin: Morgen- und Abendland-Verlag 1924, 8 S. (1: Ur 27/65-3,1; 11: Zu 88690)
– Total Demoralisation of the Ahmadia Sect. Further Evidence in Regard to their Activities as British Agents and Menace to Islam. Berlin: Morgen- und Abendland-Verlag 1924, 8 S. (1: Ur 27/65-3,2; 11: Zu 88690)
– Haltet den Dieb! Antwort auf das brutale englische Ultimatum, welches kürzlich an die ägyptische Regierung gerichtet worden ist. An den Britischen Premierminister London. Berlin: Ägyptische national-radikale Gruppe 1924, 8 S. (1a: Ur 9424; 101: 1925 A 9231)
– Der Orient in wahrer Beleuchtung und Der Orientale wie er ist. Berlin: Ägyptische national-radikale Gruppe 1925, 8 S. (1: Uk 7452; 101: 1925 A 8838)
– Die ägyptische nationale Bewegung. Ursprung und Ziele. Berlin: Ägyptische national-radikale Gruppe 1925, 8 S. (= Stahlhelm, 7(1925)6, S.1-2) (1: Ur 9427; 11: Gesch. 23789)

Artikel

Die Auffassung der Jungägypter. Eine Unterredung mit Dr.M.Rifat. In: Vossische Zeitung, 23.12.1914, Morgen-Ausgabe
Rifat, M.M.: Hussein Kamel, der Verräter. In: Vossische Zeitung, 30.12.1914
Rifat, M.: Aegyptens Schicksalswende. In: Vossische Zeitung, 8.4.1915, Abend-Ausgabe
– Wie England die religiösen Rechte von 300 Millionen Mohammedanern verletzt. Ein Wink für den Pseudosultan von Aegypten. In: Berliner Tageblatt, 8.6.1915, Morgen-Ausgabe
– Auch Aegypten will frei sein. In: Berliner Volks-Zeitung, 9.11.1916, Morgenausgabe
Rifat, M.M.: An Wilson. In: KNO, 3 (1917) 9, S. 393
Rifat, M.: Papstnote und Wahrheitsfreunde. In: Bindestrich, (1917) 5-6, S. 127
(Rifat): Interview d'un patriote égyptien sur la libération de l'Egypte . In: BPN, (1917) 1, S. 19-21
(Rifat) Déclarations de Dr.Rifat sur les conditions de paix publiées par le comité Hollando-Scandinave. In: BPN, (1917) 1, S. 24-27
Rifaat, Mansur: Der einseitige Prozeß. In: Deutsche Zeitung, 7.6.1921, Abend-Ausgabe
Rifat, M.: Der Patriotismus bei den Aegyptern. In: AK, 3 (1923) 5, S. 135-136
Rifat, Mansur: Aegyptens neue „Verfassung". In: Deutsche Allgemeine Zeitung, 13.5.1923, Morgen-Ausgabe, Erstes Beiblatt; MBAK, 5 (1923) 9, S. 3-4
– Die Aktion gegen das Kalifat. In: Deutsche Allgemeine Zeitung, 5.3.1924, Abendblatt
Rifat, M.: Der neue „Khalif". „Made in England". In: Deutsche Zeitung, 10.3.1924, Abend-Ausgabe; Neue Preußische Zeitung, 11.3.1924, Morgen-Ausgabe
Die Verschwörung der Kemalisten gegen den Islam. In: Die Ägyptische Fahne, 2 (1924) 8-9, Beilage
Rifat, Mansur: Zaghlul Pascha, seine Anhänger und seine Gegner. In: MBAK, 6 (1924) 8, S. 105-106

- Die Ursachen der jetzigen Unruhen im Sudan. In: Deutsche Zeitung, 29.8.1924, Morgen-Ausgabe

Muhāğir, al-: Fal-taḥiya yā ʻAbd al-Laṭīf. In: Taqwīm al-Qiṣāṣ, Stockholm, September 1924

Rifaat, Mansur: Ghandi, der Zaglouhl Indiens. In: Welt-Rundschau, 29.10.1924

(Rifat, Mansur): Ghandi, der Zaglul Indiens. In: Rote Fahne, 8.11.1924

- Das ägyptische Volk klagt an! An den britischen Premierminister, London. In: Rote Fahne, 25.11.1924

- Sind Mahattma Ghandi und Zaglouhl Nationalhelden? In: MBAK, 6 (1924) 12, S. 149-150

Rifat, M.: Wie die Juden „humanisiert" werden können. In: Die Ägyptische Fahne, (1924) 13, S. 3

- Der Orient in wahrer Beleuchtung und Der Engländer wie er ist. In: Die Ägyptische Fahne, 3 (1925) 18, S. 3-4

Rifat, Mansur M.: Die ägyptische nationale Bewegung. In: Stahlhelm, 7 (1925) 6, S. 1-2

Rihāb, Muḥammad Aḥmad (1897-?)

Ägypter, 1921-1926 Medizinstudium in Göttingen, Berlin und Leipzig, 1927 Promotion in Leipzig „Der arabische Arzt Abū el Ḥasan Aḥmed ibn Moḥamed Aṭ-Ṭabarī. Übersetzungen einzelner Abschnitte aus seinen ‚Hippokratischen Behandlungen'".

Artikel

Rihab, M.: Aegypten 1882 1914. In: Der Ägyptische Herold, (1924) 1, S. 4-7

Rušdī, ʻAlī (1897-?)

Ägypter, ab 1920 Medizinstudium in Berlin und Tübingen, 1925 Promotion in Berlin "Über Säuglingssterblichkeit in Aegypten"; 1924 Vertreter des „Ägyptischen Bundes" in der „Vertretung Ausländischer Studierender" in Berlin.

Artikel

Ruschdi, Ali: Der Krieg in Anatolien. In: AK, 1 (1921) 15, S. 113-115

- Die Entstehungs- und Entwicklungslehre bei den Arabern. In: SO 1 (1922) 1, S. 2-5

- Die keusche Laila. Drama in 5 Akten. Übers. v. Rudi Paret. In: SO, 1 (1922) 5, Roman-Beilage, S. 1-8; 1 (1922) 6, Roman-Beilage, S. 9-17; 1 (1923) 7, Roman-Beilage, S. 21-30

- Ägypten vor der Okkupation. In: AS, 1 (1922) 12, S. 23-24

R., A.: Die westliche Frau und der orientalische Mann. In: AK, 3 (1923) 10-11, S. 275-176

Rušdī, Muḥammad ar-

Ägypter, Offizier im marokkanischen, dann im osmanischen Heer; Mitarbeiter der „Nachrichtenstelle für den Orient" in Berlin, 1924 nach Ägypten.

Artikel

Roschdy, M. al: Die ägyptische Nationalbewegung. In: MBAK, 2 (1920) 3, Beilage
– Die Aufwallung des Nationalgefühls in Aegypten. In: MBAK, 4 (1922) 5

Ruwaisī, Yūsuf ar- (1907-1980)

Tunesier, Journalist und Politiker, Studium an der Zaitūna-Universität in Tunis; 1926 Mitglied der Destour-Partei, 1934 Mitglied ihres Nationalrats, 1938-1943 in französischer Haft, 1944 Leiter des „Bureau du Maghreb Arabe" und Redakteur der Zeitung „Al Magreb al'arabi/al-Maġrib al-ʿarabī" in Berlin; 1945 nach Syrien. 1946 in Frankreich zum Tode verurteilt, 1948 Mitglied des Politischen Büros der Néo-Destour-Partei, 1964 Rückkehr nach Tunesien, Parlamentsabgeordneter.
(BIO: ʿAbd al-Ǧalīl at-Tamīmī (Hg.), Kitābāt wa muḏakkirāt al-munāḍil Yūsuf ar-Ruwaisī as-siyāsīya maʿa waṯā'iq ǧadīda tunšar li-awwal marra, Zaghouan 1995)

Artikel

Ruissi, Y.: Arabisch-Nordafrika vor neuen imperialistischen Begierden. In: Al Magreb al 'arabi. Der Arabische Westen, Berlin (1945) 1, S. 1
Ruwaisī, Y. ar-: al-Maġrib al-ʿarabī amāma maṭāmiʿ istiʿmārīya ǧadīda. In: al-Maġrib al-ʿarabī. Ǧarīda siyāsīya iǧtimāʿīya usbūʿīya, Berlin (1945) 1, S. 1

Sa'd, Lāmiq (1852-1931)

Libanese, Arzt, Promotion 1880 in Würzburg „Die Catarrhe der weiblichen Sexualorgane und ihre Behandlung".

Bücher

Saad, Lamec: Sechzehn Jahre als Quarantänearzt in der Türkei. Berlin: Dietrich Reimer 1913, 339 S. (1: Ui 6876/10a; 1a: Ui 6876/10; 3: Ar(NLFr) 120; 11: J 66092; 16/36: p LG 93-374; 25/38: p Frei 38: SS 67; 101: 1913 B 3979; 109: II 13437)
– Palästina-Erinnerungen. 14 Jahre Quarantänearzt in Jafa. Berlin: Mulzer & Cleemann 1929, 139 S. (1a: Uk 550-6)

Artikel

Saad: Deutsche Kolonisation in Palästina. In: Dr. A. Petermanns Mitteilungen aus Justus Perthes' Geographischer Anstalt, 49 (1903), S. 19-22

– Die jüdischen Kolonien und Niederlassungen in Syrien und Palästina. In: Dr. A. Petermanns Mitteilungen aus Justus Perthes' Geographischer Anstalt, 49 (1903), S. 250-154
– Die Mekkabahn und die Stadt Haifa am Karmelgebirge. In: Dr. A. Petermanns Mitteilungen aus Justus Perthes' Geographischer Anstalt, 51 (1905), S. 189-191
– Jagdliches von der türkisch-persischen Grenze. In: Deutsche Jäger-Zeitung, 45 (1905), S. 196-198 und 212-214
Saad. Lamec: Die Ausgrabungen in Gezer. In: Globus, 92 (1907) 14, S. 213-215
– Deutschland in Palästina. In: Deutsche Erde, 6/1907, S. 136-140
– Nach den Ruinen von Arsuf und dem muslimischen Wallfahrtsorte Sidna 'Ali bei Jaffa. In: Globus, 94 (1908) 6, S. 89-91
– Die deutsche Siedlung und Sommerfrische Emmaus-Kubebe bei Jerusalem. In: Deutsche Erde, 8 (1909), S. 144-145
– Die neueren Ausgrabungen in Gezer. In. Globus, 95 (1909) 11, S.171-174
– Jericho und die dortigen Grabungen der Deutschen Orientgesellschaft. In: Globus, 96 (1909) 1, S. 9-13
Saad, L.: Jafa. In: Globus, 98 (1910) 9, S. 137-141
Saad, Lamec: Ersurum und seine Bedeutung für die Türkei. In: Die Erde, 1 (1912) 4, S. 82-84
– Der Kampfplatz im Irak. In: Berliner Tageblatt, 25.2.1916, Abend-Ausgabe
– Die Russen in Trapezunt. In: Berliner Tageblatt, 19.4.1916, Abend-Ausgabe
– Gesundheitsverhältnisse und Zusammenstellung der Todesfälle in Jafa (Palästina) in den Jahren 1907 bis 1911 einschließlich. In: Medizinische Klinik, 12 (1916), S. 1089-1090 und 1114-1116
– Auf dem Kellek (Floß) nach Bagdad. In: NO, 3 (1918), S. 413-415, 460-463
– Der Aberglaube bei den Orientalen. In: NO, 4 (1918) 3-4, S. 161-164
– Die deutschen und jüdischen Kolonien in Palästina. In: Koloniale Rundschau, (1918), S. 160-171
– Pilgerfahrt des Hadschi Hassan Suesi nach Mekka und Medina. In. Deutsche Rundschau, 191 (1922), S. 282-294
– Zwischen Türken und Arabern. Erinnerungen aus hamidischer Zeit. In: Kölnische Zeitung, 7.6.1924, Erste Morgen-Ausgabe; 6.7.1924, Sonntagsausgabe, Zweites Blatt
– Palästina-Erinnerungen. In: MBAK, 10 (1928) , S. 65-67, 79-81, 95-99, 108-111, 125-126, 134-137; 11 (1929), S. 6-8, 19-21, 33-34, 43-44, 55-57, 68-72, 86-87, 95-96, 110-113
– Aus den Briefen eines Asienkämpfers. In: MBAK, 12 (1930), S. 128-131

Ṣabrī, Muḥammad (Ps. al-Mis(s)ri)

Ägypter, 1924 Promotion in Paris „La Genèse de l'esprit national égyptien (1863-1882)".

Bücher

Sabry, Mohamed: Islam - Judentum - Bolschewismus, Berlin: Junker und Dünnhaupt Verlag 1938, 32 S. (1a: Ag 457/206-1,38; 7: 8 POL II, 280:1,38; 18: III Pb 26; 46: bc 0844-36:41; 180: ND 0317)

Islam – Judentum – Bolschewismus

Von

Dr. Mohamed Sabry

1938
Junker und Dünnhaupt Verlag / Berlin

Artikel

Sabry, M.: Die ägyptische Frage seit Bonaparte bis zur Revolution von 1914 (?). In: AK, 1 (1921) 23-24, S. 169-172
– Die ägyptische Frage. In: AK, 2 (1922) 7

Ṣafā'iḥī, Ismā'īl as- (1856-1918)

Tunesier, Religionsgelehrter; Studium an der Zaitūna-Universität in Tunis, 1885 dort als Lehrer tätig, 1893 am Ṣādiqī-Kolleg in Tunis, 1897 Kadi; 1906 Emigration nach Damaskus und Istanbul, 1908 in die Schweiz, 1910 mit Ṣāliḥ aš-Šarīf at-Tūnisī Gründung der „Association gratuelle d'aide et de soutien moral entre les Algériens et les Tunisiens", 1914 nach Deutschland, 1917 Teilnahme an der Internationalen Sozialistischen Konferenz in Stockholm, 1918 in die Schweiz, wo er starb.

Broschüren, Flugschriften

Ṣafā'iḥī, Ismā'īl as- (mit Ṣāliḥ aš-Šarīf at-Tūnisī): at-Tasǧīl 'alā Firansā fī quṭr Tūnis wa 'l-Ǧazā'ir. Bayān tawaḥḥuš Firansā fi'l-quṭr at-tūnisī al-ǧazā'irī wa'l-istinǧād ilaihi, Berlin 1916, 21 S. (1: Krieg 1914-13433/1; 7: 8 H AFR 1980/a EXE:01)
Sefaihi, Ismail (mit Saleh Scherif): Tunesien und Algerien. Ein Protest gegen französische Gewaltherrschaft von Scheich Saleh Scherif und Scheich Ismail Sefaihi. Berlin: Ausschuss für die Unabhängigkeit Tunesiens und Algeriens. Als Privatdruck gedruckt 1916, 32 S. (1a: Uq 3755-1; 101: SB 1835/1)
– (mit Saleh Chérif): Les doléances des peuples opprimées. La Tunisie et l'Algérie. Lausanne: Librairie Nouvelle 1917, 24 S. (101: 1918 B 6717)
– (mit Saleh Scerif): Tunisia ed Algeria. Protesta contro il dispotismo francese per lo Sceicco Saleh Scerif e lo Sceicco Ismail Sefaihi. Lausanne: Librairie Nouvelle 1917, 28 S.

Artikel

Safaihi, Ismail El: Résumé des travaux... (s. Šarīf at-Tūnisī)

Ṣāfī, 'Alī as- (1913-?)

Iraker, 1930-1933 Ingenieurstudium in Ägypten, 1933 nach Deutschland, 1933-1934 Studium am Deutschen Institut für Ausländer in Berlin, 1934-1938 an der Technischen Hochschule, 1939 Studium an der technischen Hochschule in Zürich, 1940 in Berlin Dipl.-Ing., ab 1941 Studium der Volkswirtschaft in Berlin und Heidelberg, dort 1944 Promotion „Muhammed als Sozialreformer"; 1937 Kassenwart der „Vereinigung Arabischer Studierender" bzw. des „Arabischen Klubs" in Berlin, 1938 2.Schriftführer der „Hauptgemeinschaft Ausländischer Studierender", seit 1941 Sekretär des ehem. irakischen Ministerpräsidenten, Rašīd 'Ālī al-Kailānī, in Deutschland. 1954 kurzzeitig Wirtschaftsminister im Irak.

Artikel

Alsafi, Ali: Der Irak als Vorkämpfer der arabischen Revolution. In: Europäische Revue, Stuttgart-Berlin 18 (1942) 10, S. 499-504

Šafīq, s. Ḥaḍarī

Saʿīd, ʿAbd al-Ḥamīd (1882-1940)
Ägypter, Rechtsanwalt und Politiker, Jurastudium in Paris, 1914/15 im osmanischen Heer; Mitglied des „Comité directeur" der ägyptischen Nationalpartei in Genf, 1918 nach Deutschland, 1920 Teilnahme an der Konferenz der unterdrückten Völker in Fiume, 1921 Vorsitzender der „Liga der unterdrückten Völker" in Rom, 1922 Teilnahme an ihrem Kongreß in Genua, danach in die Schweiz, Gründung des „Comité supérieure de la défense nationale de l'Egypte", 1923 in Deutschland; im selben Jahr Rückkehr nach Ägypten, Parlamentsabgeordneter, 1927/28 Mitbegründer und Vorsitzender der „Vereinigung der muslimischen Jugend" (Ǧamʿīyat aš-šubbān al-muslimīn), 1929 Teilnehmer am Kongreß der „Liga gegen Imperialismus" in Frankfurt/M. und Mitglied ihres Generalrats, 1931 Teilnehmer am Allgemeinen Islamischen Kongreß in Jerusalem.

Bücher

Said, Abdul Hamid: La Question égyptienne à l'heure actuelle. Discours prononcé à Genês à l'occasion de la Conférence européenne. Rom: Impr. Soc. 1921, 32 S.

Artikel

Said, Abdulhamid: Italien und die ägyptische Frage. In: AK, 1 (1921) 23-24, S. 179

Šalabī, Muḥammad ʿAbd an-Nāfiʿ (1901-1933)

Syrer, ab 1923 Studium an der Technischen Hochschule Berlin; 1924 Stellvertretender Vorsitzender der „Akademisch-Islamischen Vereinigung Islamia", 1925 Mitglied des Vorstands der „Vereinigung" bzw. der „Hauptgemeinschaft Ausländischer Studierender" in Berlin sowie der „Vereinigung Arabischer Studierender El Arabya", 1926 Mitglied des Vorstands des „Arabischen Studentenbundes an der Technischen Hochschule zu Berlin" und stellvertretender Vorsitzender der „Islamia", 1927 Vorsitzender der „Vereinigung Arabischer Studierender El Arabya", der „Islamia" und des Stiftungsrates des Islam-Instituts zu Berlin, Herausgeber der Zeitschriften „Islam-Echo", „Die Islamische Gegenwart" und „Der Islamische Student" in Berlin, 1930 Mitglied der Redaktionskommission der „Hauptgemeinschaft Ausländischer Studierender".

Artikel

Tschelebi, Moh. Nafi': Die Bruderschaft Arabiens und der islamische Weltkongreß zu Mekka 1926. In: Nachrichten, (1927) 3, S. 33-42 (= WI, 10)
H.M.N.T.: Id-ul-Fitr-Feier im Orient und Occident. In: IE, 1 (1927) 2, S. 8
– Der syrische Freiheitskampf. In: IE, 1 (1927) 5, S. 7-9
Tschelebi, Mohammed Nafi: Die Bildungsbestrebungen der Akademisch-Islamischen Vereinigung „Islamia". In: Hochschule und Ausland, 5 (1927) 6-8, S. 103-105
Tschelebi, H.M. Nafi: Die Vereinigung Arabischer Studenten zu Berlin „El-Arabiya". In: Hochschule und Ausland, 5 (1927) 68, S. 105-106
Tschelebi, Mohammed Abdul Nafi: Das Werk Ibn Sa'uds. In: Der Vormarsch, 2 (1928) 1, S. 23-24
Tschelebi, Mohammed Nafi: Palästina unter Juden und Arabern. In: Ludendorff's Volkswarte, 3 (1931) 14, S. 2-3

Samāḥa, ʿAbduh Ḥasan

Ägypter, 1925/26 Studium am Deutschen Institut für Ausländer in Berlin, 1926-1928 Studium der Nationalökonomie.

Artikel

Samaha, Abdo Hassan: Meine Heimat Ägypten. In: Mitteilungen des Deutschen Instituts für Ausländer, 5 (1927) 5, S. 39-40

Šarif, Muḥammad Ṣāliḥ

Broschüren, Flugschriften

Chérif, Muhammed Salih (mit Youssouf Chetvan): Aspirations et idéal national de la population de Tripoli d'Afrique et de Benghazie. Stockholm: Stal 1917, 16 S. (Königliche Bibliothek Stockholm: 53 A Br. 1917 Aspirations)
– Befolkningens i Tripolitanien och Cyrenaika strävanden och nationella ideal. Stockholm: Stal 1917, 16 S. (Königliche Bibliothek Stockholm: ?)

Artikel

Sherif, Muhammed Salih, Scheich der Senussi (mit Yussuf Chetvan): Flammender mohammedanischer Protest gegen die Raubpolitik der Entente. Italien auf der Anklagebank (Aufruf der Völker Tripolitaniens in Stockholm). In: Rheinisch-Westfälische Zeitung, 22.11.1917, II.Ausgabe

Šarīf as-Sanūsī, as-Sayyid Aḥmad aš- (1873-1933)

Libyer; seit 1902 Oberhaupt der Sanusi, 1911-1912 Führer des Widerstandskampfes gegen Italien, seit 1914 mit den Osmanen gegen Großbritannien, 1918 mit deutschem U-Boot nach Istanbul geflohen; Exil in der Türkei und im Ḥiǧāz.

Artikel

Scharif, Saijid Ahmed El: Feier im Orient-Klub zum Gedächtnis an das am 11.Juli 1882 stattgefundene Bombardement. Ansprache des Herrn Saijid Ahmed El Scharif. In: AK, 3 (1923) 6-7, S. 197-198

Sherif, Sayd Ahmed el: Der Vertrag des Sherif Hussein mit England. In: AK, 3 (1923) 9, S. 243-245

Scherif, Essayid Ahmed el-: Die orientalische und die europäische Frau im sozialen Leben. In: AK, 3 (1923) 10-11, S. 271-273

Šarīf at-Tūnisī, Ṣāliḥ aš- (1869-1920)

Algerier, in Tunesien geboren, Religionsgelehrter; 1879 Studium an der Zaitūna-Universität in Tunis, 1884 dort als Lehrer tätig; 1906 Emigration nach Istanbul und Damaskus, 1914 nach Berlin in Begleitung ʿAlī ibn ʿAbd al-Qādirs, Mitarbeiter der „Nachrichtenstelle für den Orient", 1916 Vorsitzender des „Komitees für die Unabhängigkeit Tunesiens und Algeriens", 1917 Teilnahme an der Internationalen Sozialistischen Konferenz in Stockholm, 1918 in die Schweiz, wo er starb.
(BIO: Peter Heine, Ṣāliḥ ash-Sharīf at-Tūnisī, a North African Nationalist in Berlin during the First World War. In: Revue de l'Occident Musulman et de la Méditerranée, (1982)33, S.89-95)

Bücher, Broschüren, Flugschriften

Šarīf at-Tūnisī, Ṣāliḥ aš-: Šarḥ dasā'is al-Faransīs ḍidda al-islām wa ḫalīfatihi, Berlin 1915, 20. S. (1a: Um 2374/5)

Š: Hāḏihi maqāla taḥta imḍā' S.Š. ḥarrarahā ḍaif karīm bi-Berlin min akābir ʿulamā wa riǧāl al-muslimīn ḫidmatan li'l-ḥaqīqa wa naṣīḥatan li'd-dīn, Berlin 1915, 11 S. (1: Krieg 1914-26791)

Salih: Bezmyslica rasprostranennaja angličanami otnositel'no Tureckogo chalifata, o.O. 1915 (12: 8 H. Un. App. 218/c?)

Tūnisī, Ṣālih: Islām ḫalīfe sining haqqinda inglīz ṭarafindan taratilġan yalġan ḫaberler „Şeyh Ṣālih Tūnisī ṭarafindan yazilġan", o.O. o:J., 4 S. (Hagen, S.214-217)

Ascharif Attunisi, Salih: Ḥaqīqat aldschihād. Die Wahrheit über den Glaubenskrieg. Aus dem Arabischen übersetzt von Karl E. Schabinger mit einem Geleitwort von Martin Hartmann und einem Bild des Schaichs. Berlin: Dietrich Reimer 1915, 18 S. (11: Gesch. 17234; 101: 1915 B 2769; 7: 8 H E ECCL 970/1 EXE:01)

Šarīf at-Tūnisī, Ṣāliḥ as-/Ismāʿīl aṣ-Ṣafā'ihī: at-Tasǧīl ʿalā Firansā fi quṭr Tūnis wa-'l-Ǧazā'ir. Bayān tawaḥḥuš Firansā fi'l-quṭr at-tūnisī al-ǧazā'irī wa'l-istinǧād ilaihi, Berlin 1916, 21 S. (1: Krieg 1914-13433/1; 7: 8 H AFR 1980/a EXE:01)

Ṣāliḥ aš-Šarīf at-Tūnisī

SCHAICH SALIH ASCHSCHARIF ATTUNISI

ḤAQĪQAT ALDSCHIHĀD

DIE WAHRHEIT ÜBER DEN GLAUBENSKRIEG

AUS DEM ARABISCHEN ÜBERSETZT
VON

KARL E. SCHABINGER

MIT EINEM GELEITWORT
VON

MARTIN HARTMANN

UND EINEM BILD DES SCHAICHS

HERAUSGEGEBEN
VON DER DEUTSCHEN GESELLSCHAFT FÜR ISLAMKUNDE

BERLIN 1915
VERLAG DIETRICH REIMER (ERNST VOHSEN)

DER ERLÖS IST FÜR DEN ROTEN HALBMOND BESTIMMT

Chérif, Saleh: La verité au sujet de la Guerre sainte. Bern: Ferd. Wyss 1916, 14. S. (11: Gesch. 16606; 101: 1916 B 8742)

Scherif, Saleh/Ismail Sefaihi: Tunesien und Algerien. Ein Protest gegen französische Gewaltherrschaft von Scheich Saleh Scherif und Scheich Ismail Sefaihi. Berlin: Ausschuss für die Unabhängigkeit Tunesiens und Algeriens. Als Privatdruck gedruckt 1916, 32 S. (1a: Uq 3755-1; 101: SB 1835/1; Zentralbibliothek Zürich: LK 2001 a 324)

Chérif, Saleh/Ismail Sefaihi: Les doléances des peuples opprimés. La Tunisie et l'Algérie. Lausanne: Librairie Nouvelle 1917, 24 S. (101: 1918 B 6717)

Scerif, Saleh/Ismail Sefaihi: Tunisia ed Algeria. Protesta contro il dispotismo francese per lo Sceicco Saleh Scerif e lo Sceicco Ismail Sefaihi. Lausanne: Librairie Nouvelle 1917, 28 S.

Chérif el Tounissi, Saleh el: Appel au droit et à la justice. Doléances de l'Algérie-Tunisie. Stockholm: C. A. Löjdquist 1917, 27 S. (7: 8 H AFR 1836/d EXE:01; 12: H. Un. App. 644/a; Königliche Bibliothek Stockholm: 25 A e c B)

Scherif, Salih: Zeitgemäße Gedanken. Berlin: Buchdruckerei der Deutschen Tageszeitung 1918, 12 S. (11: Gesch. 42483)

Chérif, Saleh: Appel du genre humain à la vérité. Berlin: Verlag für Sozialwissenschaft 1919, 11 S. (1: Krieg-1914-21751; 101: 1919 A 3258; Zentralbibliothek Zürich: LK 2001 a 200a)

Artikel

Scherif, Salech: Wie Frankreich für den Islam sorgt. In: KöZ, 9.4.1915, 2. Morgen-Ausgabe

Cherif, Saleh El: Résumé des travaux et des votes des délégués des nations orientales opprimées réunis à Stockholm en Octobre-Novembre 1917. In: BPN, (1917) 2, S. 41-46

Scherif Tunisi, Saleh el: Französischer Länderraub in Tunesien. In: IW, 2 (1918) 1, S. 48-49

Scherif, Salih: Frankreich und Tunesien. In: NO, 3 (1918) 4-5, S. 188-192

Scheriff, Salih: Grundlagen des Sieges im Kriege. In: RWZ, 11.9.1918, I. Ausgabe

Šarqāwī, ʿAbd al-ʿAzīz ibn Ismāʿīl Bu'l-ʿArabī aš-

Artikel

Chirkaoui, Abdelaziz ibn Ismail Belarbi al-: An Wilson. In: NO, 3 (1917) 10, S. 428

Šarqāwī, Muḥammad aš-

Marokkaner, Studium in Genf.

Artikel

Scherkawi, Muhammed: Frankreichs Werkzeuge in Nordafrika. Abd-el-Kadir ben Ghabrit und seine Rolle in Marokko. In: KNO, 3 (1916) 3, S. 82-84

Scherkaui, Mohammed esch-: Zur Lage in Nordafrika. In: NO, 1 (1917) 9, S. 407-408
– Die „Gazette de Lausanne" und Algerien. In: NO, 2 (1918) 1, S. 9-10
Cherkaoui, Sidi Mohammed: Le jugement d'un Marocain. In: NO, 5 (1919) 9-10, S. 278-279

Šatwān, Yūsuf (1870-1952)

Libyer; 1908 Abgeordneter im osmanischen Parlament, 1913 Generalsekretär der „Islamischen Wohltätigen Gesellschaft" in Istanbul und Herausgeber der Zeitschrift "Ǧihān-i Islām", 1917 Teilnahme an der Internationalen Sozialistischen Konferenz in Stockholm.

Bücher, Broschüren

Chetvan, Youssouf/Muhammed Salih Chérif: Aspirations et idéal national de population de Tripoli d'Afrique et de Benghazie. Stockholm: Stal 1917, 16 S. (Königliche Bibliothek Stockholm: 53 A Br. 1917 Aspirations)
– Befolkningens i Tripolitanien och Cyrenaika strävanden och nationella ideal. Stockholm: Stal 1917, 16 S. (Königliche Bibliothek Stockholm: ?)

Artikel

Chetvan, Yussuf/Muhammed Salih Sherif, Scheich der Senussi: Flammender mohammedanischer Protest gegen die Raubpolitik der Entente. Italien auf der Anklagebank (Aufruf der Völker Tripolitaniens in Stockholm). In: Rheinisch-Westfälische Zeitung, 22.11.1917, II. Ausgabe
Chetouan Bey, Youssef: Résumé des travaux... (s. Šarīf at-Tūnisī)

Šāwīš, ʿAbd al-ʿAzīz aš- (1876-1929)

Ägypter, Religionsgelehrter, 1892-1897 Studium an der Azhar-Universität und am Dār al-ʿulūm in Kairo, Professor für arabische Sprache in Oxford; Funktionär der ägyptischen Nationalpartei, 1908 Chefredakteur ihres Organs "al-Liwā',„ 1912 Emigration nach Istanbul, 1914 in Jerusalem, 1915 Gründungsdirektor der Ṣalāḥīya-Hochschule in Jerusalem, im selben Jahr nach Deutschland, Mitarbeit in der „Nachrichtenstelle für den Orient", 1916 bis 1918 mit ʿAbd al-Malik Ḥamza Herausgeber der Zeitschrift „Die Islamische Welt" in Berlin, 1917 Teilnahme an der Internationalen Sozialistischen Konferenz in Stockholm, 1919-1922 Vorsitzender der deutschen Sektion der ägyptischen Nationalpartei, 1921 Herausgeber der „Aegyptischen Korrespondenz" und Vizepräsident des „Orient-Klubs" in Berlin; 1922 in die Türkei als Berater Mustafa Kemals, 1923 Rückkehr nach Ägypten, Tätigkeit im Bildungsministerium.
(BIO: Fritz Bronsart von Schellendorf, Scheich Abd-El-Aziz Schauisch. Ein einflußreicher überzeugter Freund Deutschlands. In: Daheim, 53 (1917) 22, S. 6-7; Anwar al-Ǧundī, ʿAbd al-ʿAzīz Ǧāwīš min ruwwād at-tarbiya wa'ṣ-ṣiḥāfa wa'l-iǧtimāʿ, Kairo 1965; Salīm ʿAbd an-Nabī Qunaibir, al-Ittiǧāhāt as-siyāsīya wa'l-

fikrīya wa'l-iğtimāʿīya fi'l-adab al-ʿarabi al-muʿāṣir: ʿAbd al-ʿAzīz Ġāwīš 1872-1929, Beirut 1968)

Bücher, Broschüren

Schawisch, Abd al-Aziz: Ägypten und der Krieg. Berlin: Nachrichtenstelle für den Orient. Als Manuskript gedruckt 1915, 8 S. (1: Uk 1123-1; 101: 1915 B 12605/1)

Artikel

Ġāwīs, ʿAbd al-ʿAzīz: Mustaqbal al-islām. In: al-Ǧihād, 1 (1915) 9, S. 1-2, 1 (1915) 10, S. 1-2
Tschawisch, Abdul-Asis: Der Islam und Deutschland. Wie soll man sich die Zukunft des Islams denken? In: Deutsche Revue, 40 (1915), S. 249-253
Ġāwīs, ʿAbd al-ʿAzīz: Ta'mīm al-ğundīya fi'l-umam. Abābuhā wa ġāyatuhā. In: al-Ǧihād, 2 (1916) 36, S. 1-2
Schauisch, Abd el Aziz: Das Machtgebiet der arabischen Sprache. In: Preußische Jahrbücher, 165 (1916), S. 411-429
Schauisch, Abd-El Aziz: Aegypten und der Krieg. In: Nord und Süd, 40 (1915) 499, S. 32-40
Schauisch, Abdul Aziz: Osten und Westen. In: IW, 1 (1916) 1, S. 4-7
– Islam und Kultur. In: IW, 1 (1917) 2, S. 1-5; 1 (1917) 3, S. 1-7
– Sanusis Lehren. In: IW, 1 (1917) 4, S. 193-195
– Türkische Frauen des Roten Halbmondes. In: IW, 1 (1917) 5, S. 257-262
– Islamische Kolonisation. In: IW, 1 (1917) 7, S. 377-379
– Der islamische Soldat. In: IW, 1 (1917) 8, S. 441-443
– Ägyptens Sehnsucht. In: IW, 1 (1917) 9, S. 501-503
– Islam und Reform. In: IW, 1 (1917) 11, S. 629-633
– Muslimische Beschwerden und Forderungen. In: IW, 1 (1917) 12, S. 693-696
Chawich, Abdel Aziz: Résumé des travaux... (Siehe Šarīf at-Tūnisī)
Schauisch, Abdul Aziz: Das Kalifat. In: IW, 2 (1918) 1, S. 1-4
– Die Dardanellen und der 18.März. In: IW, 2 (1918) 6-7, S. 190-191
Schauisch, Abdul-Aziz: Aegypten in den Krallen Britanniens. In: AK, 1 (1921) 1, S. 1-2
Schauisch: Englische Mißwirtschaft in Aegypten. In: AK, 1 (1921) 2, S. 11-12
Schauisch, Abdul Aziz: Verschiedenes. Englands Mandat in Mesopotamien. In: AK, 1 (1921) 3, S. 20-22
– Erinnerung an den 9. März 1921. Arabisches Gedicht. In: AK, 1 (1921) 6-7, S. 41-42
– Ali Fahmi Kamil Bey. In: AS, 1 (1921) 9, S. 8
Schauisch: Mitteilung des Präsidenten der Zweigstelle der ägyptischen Nationalpartei in Berlin, Prof. Schauisch, z.Z. in München, an Adly Pascha, Präsidenten der ägyptischen Abordnung in London. In: AK, 1 (1921) 13-14, S. 93-94
– Ali Fahmi Kamil Bey, Vertreter der ägyptischen Nationalpartei. In: AK, 1 (1921) 16-17, S. 117-118
Šāwīš, ʿAbd al-ʿAzīz: Ḏikrā 9 mārs. In: AS, 1 (1921) 10, S. 7
Schauisch, Abdul Aziz: Die Zukunft des Islam. In: SO, 1 (1922) 1, S. 6-7

ʿAbd al-ʿAzīz Šāwīš

Širbīnī, Muḥammad ʿAlī aš-

Ägypter, ab 1911 Medizinstudium in Berlin, 1923 Promotion „Die chirurgische Behandlung von Adhäsionen nach Laparotomien".

Artikel

Schirbini, El-: Die Studenten als intellektuelle Urheber der ägyptischen Revolution. In: AK, 1 (1921) 2, S. 12-13

Ṣulḥ, Riyāḍ aṣ- (1894-1951)

Libanese, Jurist und Politiker; während des Ersten Weltkrieges als arabischer Nationalist gegen die osmanische Herrschaft, 1918 Anhänger König Faisals, 1920 Exil in Ägypten und in der Schweiz, Delegierter des Syrisch-palästinensischen Kongresses und neben Šakīb Arslān und Iḥsān al-Ǧābirī Mitglied der syrisch-palästinensischen Delegation beim Völkerbund in Genf; 1936 Rückkehr nach Libanon, 1943 erster Ministerpräsident des Landes, in Jordanien ermordet.

Artikel

Soulh, Riad El (mit Schekib Arslan, Ihsan El Djabry): Die zweite Etappe des syrischen Freiheitskampfes. Das Programm des französischen Oberkommissars und die syrische Nationalbewegung. In: IG, 1 (1927) 1, S. 3-14

Solh, Riad El (mit Schekib Arslan, Ihsan El Djabry): Die Denkschrift der syrischen Delegation. Eine Intervention der syrischen Freiheitsführer beim Völkerbund. In: IE, 1 (1927) 23, S. 1-2

Solh, Riadh (mit Schekib Arslan, Djabry): Der „neue Kurs" in Syrien und die syrische Delegation in Genf. In: IE, 2 (1928) 8-9, S. 1-2; IG, 2 (1928) 2-3, S. 23-25

Šuwaikī, Ḥamza (1918-?)

Syrer, 1937-1940 Medizinstudium in Jena, ab 1940 in Wien, 1945 dort Promotion; 1942 Gründungsmitglied und 1943 Mitglied des vorbereitenden Ausschusses der „Islamischen Gemeinschaft zu Wien".

Artikel

Chouéki, Hamza/Mussa Mudarri: Syrien. In: Arbeitsgemeinschaft über arabische Lebensfragen an der Friedrich-Schiller-Universität. Bericht über die erste Vortragsreihe im Sommer-Semester 1939, Jena o.J., S. 31-33

Syrische Kolonie in Berlin

Artikel

Heftiger Protest gegen die barbarischen Schandtaten der Franzosen in Syrien. In. Georg Kampffmeyer (Hg.), Damaskus. Dokumente zum Kampf der Araber um ihre Unabhängigkeit, Berlin 1926, S.133-134

Syrische Kolonien in Deutschland

Artikel

Protest der syrischen Kolonien in Deutschland an den Völkerbundrat in Genf. In: Die Ägyptische Flagge, Innsbruck 1 (1925) 1 (s. auch Ǧābirī, Iḥsān Bahā' ad-Dīn al-)

Ṭawīl, Muṣṭafā ʿAlī aṭ-

Ägypter, 1920-1922 Medizinstudium in Berlin, 1926 Promotion in Zürich „Beitrag zur Verbreitung der Tuberkulose in Ober-Aegypten auf Grund der Ergebnisse von 4216 Untersuchungen nach v. Pirquet".

Artikel

Tawil, M.A. el-: Echo von Aegypten. In: AK, 1 (1921) 6-7, S. 50-53
Tawil, El-: Das alte Aegypten. In: AK, 1 (1921) 10, S. 76-78; 1 (1921) 13-14, S. 107-108

Tīǧānī, Muḥammad ibn ʿAbd as-Salām at-

Tunesier

Broschüren

Tīǧānī, Muḥammad ibn ʿAbd as-Salām at-: Dasā'is Firansā fī naẓar al-muslimīn, Berlin 1915, 32 S.

ʿUmar, Ǧābir (1899 o. 1909 o.1913-1993)

Iraker, 1935 nach Deutschland, Studium am Institut für Ausländer, 1936-1938 Pädagogikstudium in Berlin, 1938/39 Studium der Rechtswissenschaft in Jena, 1939 in Zürich, dort 1940 Promotion „Grundstruktur einer zukünftigen arabischen staatsbürgerlichen Erziehung", 1941-1944 Studium der Volkswirtschaft in Berlin, 1944 in Jena; 1936 und 1938 Mitglied des Vorstands der „Vereinigung Arabischer Studierender“ und des „Arabischen Klubs“ in Berlin; 1958 kurzzeitig Bildungsminister im Irak.

Bücher

Omar, Djabir: Grundstruktur einer zukünftigen arabischen staatsbürgerlichen Erziehung. Zürich: A.-G. Fachschriften-Verlag und Druckerei 1940, 85 S. (1: F 5971/200; 25/29: p Frei 29: OC/a/76, p Frei 29: OA/a/5000; 355: 23/D503206; 824: 23/D8428497)

Artikel

Omar, Djabir: Arabien und England. In: Völkischer Beobachter, 18.7.1939
– Das Kalifat und seine Bedeutung für die Araber. In: Wir und die Welt, 1 (1939) 8, S. 42-45
Omar, Dschabir: Die arabische Jugendbewegung. In: Arbeitsgemeinschaft über arabische Lebensfragen an der Friedrich-Schiller-Universität. Bericht über die erste Vortragsreihe im Sommer-Semester 1939, Jena o.J., S. 29-30
Omar, Djabir: Der arabische Freiheitskampf. In: Deutschlands Erneuerung, 26 (1942) 8, S. 406-417
– Der Irak – der arabische Vulkan. In: Europäischer Wissenschafts-Dienst, 3 (1943) 5, S. 10-12

ʿUrābī, Maḥmūd Ḥusnī al- (1894-1955)

Ägypter, Journalist; 1921 Gründungsmitglied, 1922 Generalsekretär der Ägyptischen Sozialistischen Partei, die sich nach dem Beitritt zur Kommunistischen Internationale (KI) in Ägyptische Kommunistische Partei umbenannte, Teilnahme am 4. Kongreß der KI in Moskau, 1923 und 1927 kurzzeitig in Deutschland, 1924 Haft in Ägypten, 1927 von der KI als Generalsekretär abgesetzt, 1930 mit ʿIṣām ad-Dīn Hifnī Nāṣif und ʿAbd al-Fattāḥ Muḥammad al-Qāḍī Herausgeber der Zeitschrift “Rūḥ al-ʿaṣr“, 1931 über Griechenland nach Deutschland, 1932 Aberkennung seiner ägyptischen Staatsbürgerschaft, 1932/33 Arabischlektor am Seminar für Orientalische Sprachen in Berlin, 1938 Vorsitzender der „Vereinigung Arabischer Studierender“ und des „Ständigen Verteidigungskomitees für Palästina in Europa“ in Berlin, 1939 Rückkehr nach Ägypten.
(BIO: Maḥmūd Ḥusnī al-ʿUrābī, 89 šahran fi'l-manfā, 1931-1938, Kairo 1948)

Artikel

Orabi, M. Hosni el: Die Lage in Aegypten. In: Internationale Presse-Korrespondenz, 2 (1922) 216, S. 1539-1540
Orabi, M. Hosni el-: Das Erziehungswesen in Ägypten. In: Die Erziehung, 14 (1939) , S. 37-39

Vereinigung Freier Nil

Broschüren

Ägyptische freie Nil-Vereinigung/Ǧamʿīyat an-Nīl al-ḥurr: Betrachtung über die Tätigkeit der ägyptischen Abordnung in Ägypten und Europa. Al-Wafd baina Miṣr wa Urūbā. Berlin: P. Stankiewicz 1921, 32 S. (29: 07 OR/Oh 46)

Artikel

Verein „Freier Nil“: Menschenschlächterei in Alexandrien. In: Liwa-el-Islam, 1 (1921) 7, S. 26
– Menschenschlächterei in Alexandrien. In: AK, 1 (1921) 15, S. 111-112
– Menschenschlächterei in Alexandria. In: AS, 1 (1921) 7-8, S. 12

Yūsuf, Ibrāhīm Ibrāhīm (1894-?)

Ägypter; ab 1925 Studium an der Landwirtschaftlichen Hochschule Berlin; Mitglied der ägyptischen Nationalpartei, 1923 Übersetzer und Protokollant bei der Sitzung des erweiterten Ausschusses der Exekutive der Internationalen Arbeiterhilfe in Berlin sowie Redakteur der „Aegyptischen Korrespondenz“, 1927 für die Ägyptische National-Radikale Partei Teilnahme am Kongreß der „Liga gegen Imperialismus“ in Brüssel, 1928 Leiter eines ägyptischen Propagandabüros und Mitarbeiter in der Redaktion der „Anti-Imperialist Review“ in Berlin, 1929 Teilnahme am Kongreß der „Liga gegen Imperialismus“ in Frankfurt/M., 1935 am 7.Weltkongreß der Kommunistischen Internationale in Moskau.

Artikel

Youssef, Ibrahim I.: Der kommende Kalif. In: Eiserne Blätter, 7 (1925) 11, S. 200-202; MBAK, 7 (1925) 11, S. 155-156
Jussef, Ibrahim J.: Mitmenschen! In: MBAK, 7 (1925) 12, S. 164
Jussef, Ibrahim I.: England, Mossul und Irakmandat. In: MBAK, 8 (1926) 3, S. 22-23
Youssef, Ibrahim I.: Die Briten im Sudan. In: Der Reichsbote, 31.3.1926
– Aegypten und die deutsche Annäherung. In: Eiserne Blätter, 8 (1926) 17, S. 287-289
– Die Lösung der ägyptischen Frage. In: Deutsche Rundschau, 52 (1926), S. 102-105
– Der Verkehrsturm der Welt. In: DZ, 30.7.1926, Abend-Ausgabe
– Amanullah, König der Afghanen. In: Schlesische Zeitung, 21.2.1928, Morgenblatt
– Syriens Freiheitskampf gegen das französische Joch. In: Berliner Börsen-Zeitung, 28.12.1926
– Stimmen des Ostens. In: Arminius, 8 (1927) 12, S. 13
– England und die zionistische Gefahr. In: Eiserne Blätter, 11 (1929) 33, S. 575-577
– England, der Zionismus und die arabische Freiheitsbewegung. In: MBAK, 12 (1930) 3, S. 33-34

- Der Freiheitskampf der arabischen Länder. In: Jüdisch-liberale Zeitung, 10 (1930) 16
- Aegyptens Freiheitskampf. In: Jüdisch-liberale Zeitung, 10 (1930) 16, 1. Beilage
- Türkei und Kurdistan. In: Der Deutschen-Spiegel, 7 (1930) 30, S. 1194-1195
- Neugestaltung der Türkei. Umwälzung in Wirtschaft und Politik. In. Der Deutschen-Spiegel, 7 (1930) 35, S. 1426-1428
- Das Ende der türkischen Diktatur? In: Politische Wochenschrift, 6 (1930) 41, S. 1196-1198

Zarrūq as-Sūsī at-Tūnisī, Muḥammad Bašīr az-

Tunesier, Lehrer an der Militärschule in Istanbul; 1916 Imam der Moschee im „Halbmondlager" in Wünsdorf.

Broschüren

Zarrūq as-Sūsī at-Tūnisī, Muḥammad: Nubḏa min faẓā'i' Firansā fī iyālat Tūnis, Berlin 1917, 28 S. (12: A.or. 94.3308)

Artikel

Seruk, Mohammed el-Baschir: Italiens Rolle in der Nordafrikanischen Politik Englands und Frankreichs. In: KNO, 3 (1917) 7, S. 270-271

Seruk, Mohammed el Baschir: Ein Ausschnitt aus der französischen Tyrannei in Tunis. In: NO, 1 (1917) 7, S. 312-316

Serruk al-Tunisi, Muhammed Rachid: An Wilson. In: KNO, 3 (1917) 10, S. 428

ZENTRUM MODERNER ORIENT

ARBEITSHEFTE

Nr. 4 GERHARD HÖPP: Arabische und islamische Periodika in Berlin und Brandenburg, 1915 - 1945. Geschichtlicher Abriß und Bibliographie

Nr. 5 DIETRICH REETZ: Hijrat: The Flight of the Faithful. A British file on the Exodus of Muslim Peasants from North India to Afghanistan in 1920

Nr. 6 HENNER FÜRTIG: Demokratie in Saudi-Arabien? Die Āl Saʿūd und die Folgen des zweiten Golfkrieges

Nr. 7 THOMAS SCHEFFLER: Die SPD und der Algerienkrieg (1954-1962)

Nr. 8 ANNEMARIE HAFNER (Hg.): Essays on South Asian Society, Culture and Politics

Nr. 9 BERNT GLATZER (Hg.): Essays on South Asian Society, Culture and Politics II

Nr. 10 UTE LUIG/ACHIM VON OPPEN (Hg.): Naturaneignung in Afrika als sozialer und symbolischer Prozess

Nr. 11 GERHARD HÖPP/GERDIEN JONKER (Hg.): In fremder Erde. Zur Geschichte und Gegenwart der islamischen Bestattung in Deutschland

Nr. 12 HENNER FÜRTIG: Liberalisierung als Herausforderung. Wie stabil ist die Islamische Republik Iran?

Nr. 13 UWE PFULLMANN: Thronfolge in Saudi-Arabien - vom Anfang der wahhabitischen Bewegung bis 1953

Nr. 14 DIETRICH REETZ/HEIKE LIEBAU (Hg.): Globale Prozesse und "Akteure des Wandels": Quellen und Methoden ihrer Untersuchung

Nr. 15 JAN-GEORG DEUTSCH/INGEBORG HALENE (Hg.): Afrikabezogene Nachlässe in den Bibliotheken und Archiven der Bundesländer Berlin, Brandenburg und Mecklenburg-Vorpommern

Nr. 16 HENNER FÜRTIG/GERHARD HÖPP (Hg.): Wessen Geschichte? Muslimische Erfahrungen historischer Zäsuren im 20. Jahrhundert

Nr. 18 GERHARD HÖPP: Texte aus der Fremde. Arabische politische Publizistik in Deutschland, 1896-1945. Eine Bibliographie

STUDIEN

Bd. 1 JOACHIM HEIDRICH (Hg.): Changing Identities. The Transformation of Asian and African Societies under Colonialism

Bd. 2 ACHIM VON OPPEN/RICHARD ROTTENBURG (Hg.): Organisationswandel in Afrika: Kollektive Praxis und kulturelle Aneignung

Bd. 3 JAN-GEORG DEUTSCH: Educating the Middlemen: A Political and Economic History of Statutory Cocoa Marketing in Nigeria, 1936-1947

Bd. 4 GERHARD HÖPP (Hg.): Fremde Erfahrungen: Asiaten und Afrikaner in Deutschland, Österreich und in der Schweiz bis 1945

Bd. 5 HELMUT BLEY: Afrika: Geschichte und Politik. Ausgewählte Beiträge 1967-1992

Bd. 6 GERHARD HÖPP: Muslime in der Mark. Als Kriegsgefangene und Internierte in Wünsdorf und Zossen, 1914 - 1924

Bd. 7 JAN-GEORG DEUTSCH/ALBERT WIRZ (Hg.): Geschichte in Afrika. Einführung in Probleme und Debatten

Bd. 8 HENNER FÜRTIG: Islamische Weltauffassung und außenpolitische Konzeptionen der iranischen Staatsführung seit dem Tod Ajatollah Khomeinis

Bd. 9 BRIGITTE BÜHLER: Mündliche Überlieferungen: Geschichte und Geschichten der Wiya im Grasland von Kamerun

Bd. 10 KATJA FÜLLBERG-STOLBERG/PETRA HEIDRICH/ELLINOR SCHÖNE (Hg.): Dissociation and Appropriation: Responses to Globalization in Asia and Africa

Bd. 11 GERDIEN JONKER (Hg.): Kern und Rand. Religiöse Minderheiten aus der Türkei in Deutschland

Bd. 12 REINHART KÖẞLER/DIETER NEUBERT/ACHIM V. OPPEN (Hg.): Gemeinschaften in einer entgrenzten Welt

Bd. 13 GERHARD HÖPP/BRIGITTE REINWALD (Hg.): Fremdeinsätze. Afrikaner und Asiaten in europäischen Kriegen, 1914 - 1945

SCHRIFTEN DES ARBEITSKREISES MODERNE UND ISLAM

Bd. 1 ZEYNEP AYGEN (Hg.): Bürger statt Städter. Bürgerbeteiligung als Strategie der Problemlösung und der sozialen Integration

Bd. 2 STEPHAN ROSINY: Shi'a Publishing in Lebanon. With Special Reference to Islamic and Islamist Publications

In Vorbereitung:

SCHRIFTEN DES ARBEITSKREISES
MODERNE UND ISLAM

Berlin für Orientalisten. Ein Handbuch

Bei Fragen zur Produktsicherheit wenden Sie sich bitte an:
If you have any questions regarding product safety,
please contact:

Walter de Gruyter GmbH
Genthiner Straße 13
10785 Berlin
productsafety@degruyterbrill.com